Real Estate Investment

「超優良物件」を格安で入手する不動産投資法

初心者でもできる! 不動産投資プラチナ指値術

ながき鑑定 代表／不動産鑑定士
長岐隆弘 Takahiro Nagaki

ぱる出版

はじめに ── 不動産投資の成否は「指値」しだいで決まる！

◆私がこの本を書いた理由とは？（なぜ本書が求められるのか！）

私がこの本を書いた理由はとても単純です。

それは、正しい指値の入れ方を知らない人や、指値をどれくらいで入れたらいいかで悩んでいる人があまりにも多いからです。

そして「正しい指値の入れ方を実践すれば、売主もその価格に納得して売ってくれるので、優良物件を割安に取得することができる」という事実を知ってもらい、あなたが二度と指値で悩まないで、物件を割安に取得してもらうためです。


「でも、結局、初心者には、指値をして割安に物件を買うのは難しいんでしょ？」


という声が聞こえてきそうですが、心配はいりません。

私のところに来られるクライアントも以下のような悩みをかかえています。

「思いっきり指値をして買い付けを入れたが、不動産業者からは『そんな安い価格では元付《もとづけ》業者にもっていけない』と断られた」

「今まで指値を入れているが、全然物件が買えない……」

「購入価格が割安なのかわからない……」

また、巷の不動産投資の書籍やセミナーで言われている方法で指値をしようとしても、「結局効果がなかった」「初心者がやるのは難しい」といったこともよく耳にしています。

つまり、一般的に、「指値の方法を身につけるためには、ある程度、買い付けの場数を踏んで経験を積んでいくしかない」とされてきたのです。

しかし私は「経験値に頼った方法や、根拠のない勘に頼ることなく、正しい指値をして、割安に物件を取得することはできないのか、不動産投資のプロである私にはそれができるのではないか⁉」という課題を掲げ、16年間研究し続けました。

そしてついに、〝あること〟を発見したのです。

その瞬間、

「これだ！　これなら経験や勘に頼る方法でなくても、正しい指値をして割安に物件を取得することができる！」

と飛び上がるほど喜んだのを今でも覚えています。

この本では、私が16年間、研究し続けてきた「高確率で落とせる指値の入れ方」についてのノウハウについていて公開していきます。不動産投資を始めたばかりの方のみならず、指値の入れ方についいて悩んでいるベテランの方にも参考になると思います。楽しみにしてください。

◆手取り月給15万円のサラリーマンから抜け出せたきっかけとは？

実は、今でこそ年間４０００万円以上の賃料収入を得ている私ですが、当初は手取り月給15万円のしがないサラリーマンでした。朝７時にはベッドから飛び起き、満員電車に揺られ会社に行き、夜はサービス残業で午前様になるという生活から、長い間、抜け出すことが出来ませんでした。「もうこんな生活は我慢できない」と毎日思っていました。

そんな私が、不動産投資に興味を持ち始めたきっかけは、職場環境の変化でした。慣れない仕事に加え、人間関係を一から作っていくのが、精神的にかなりつらく、それが原因で体調を壊してしまいました。

このとき思ったのが、
「会社のために、粉骨砕身働いても、もしものときに会社は自分のことを面倒見てくれるのだろうか」
「会社に全てを頼るのではなく、給料以外の経済的基盤を持つ必要があるのではないか」
ということでした。

それからは、この質問の答えを探すかのように、いわゆる「成功本」と呼ばれるビジネス書を読み漁りました。辿り着いたのが、ロバート・T・キヨサキ、シャロン・L・レクターのベストセラー「金持ち父さん」シリーズでした。

この本で、現在の不満や将来の不安を解決するには、「経済的自由」を得て、その近道として、「不動産投資で不労所得を得る」ことを知りました。

不動産投資を始めてからは、不動産投資関連の書籍、セミナー、情報商材等、あらゆるものを購入し、勉強しましたが、それらのほとんどは、「成功者の経験」に基づくものが多かったため、役に立ちませんでした。

それらを読んだだけでは、具体的にどう行動したらいいのかわからなかったのです。

その後、私は、メガバンクの融資査定法と不動産鑑定士の価格判定ノウハウから、指値をして割安に物件を取得する方法に開眼しました。その結果、たった9ヶ月で一棟マンションのオーナーになることができたのです。

◆私からあなたへお伝えしたいこと

晴れて一棟マンションのオーナーとなったある日、高校時代の友人に久しぶりに会いました。その友人は、ＩＴ系企業に勤めるサラリーマンで、結婚し、子供が２人いて、数年前に自宅を購入し、平凡ながらも順調そのものにみえる人生でした。そんな彼が、お酒を飲みながらボソッと「これからの人生、どうなるんだろうなぁ」と言うのです。

その言葉に共感を覚えた私は、自分も同じ悩みを抱えており、それを解決するために不動産投資を始め、指値で割安な物件を買うことに成功し、今では、給料の３倍以上の賃料収入を得ていることをカミングアウトしたのです。

友人は驚嘆の表情を浮かべていました。

しばらくして後、

「自己資金はどのくらい必要なのか？」

「フルローンは可能なのか？」

「フルローンを出す銀行はどこか？」

など、今度は矢継ぎ早に不動産投資に関する質問をしてきたのです。

実は、彼も「金持ち父さん貧乏父さん」を読んだ後に、不動産投資に興味を持ち、不動産投資の書籍も読んでいたのですが、不動産の敷居が高いため、行動できずにいたのです。

「同じ悩みを持つ者は、自分だけではない」と、その時深く心に刻みました。


今、この本を手にしてくれたあなたに心から伝えたい。

「具体的な指針がないため、どうやって行動したらいいかが分らないなら、この本を踏み出す一歩にして欲しい」

「不動産投資に悩んでいるすべての人へ、不動産投資のプロとして、16年間研究し、実践してきたノウハウをともに、隠すことなくお伝えしたい！」

「そして、この本を見たひとりでも多くの方が、不動産投資を始めて、経済的自由を手に入れて欲しい！」

そんな気持ちで「高確率で成功する指値の入れ方」を公開することにしました。

次は、このノウハウであなたが成功する番です。この本をご覧になるあなたが不動産投資で成功し、笑顔であふれる生活が送れることを心より願っています。

「超優良物件」を格安で入手する不動産投資法

初心者でもできる！　不動産投資プラチナ指値術

もくじ

第1章

基礎はこれだけ！ なぜ指値したほうがいいのか

第2章　価格判定ノウハウで積算価値を計算する

第3章 メガバンクの融資査定法で収益価値を計算する

第4章 指値の金額と根拠を決める方法とは？

第5章

高確率で指値が通る買付証明書を出すポイント

第1章

基礎はこれだけ！
なぜ指値したほうがいいのか

初心者でも、正しい指値の入れ方を実践すれば、
売主もその価格に納得して売ってくれるので、
優良物件を割安に取得することができる。

01 なぜ指値したほうがうまくいくのか？

◆指値とは？

「指値」とは株式投資でも使われる用語なので、ご存知の方も多いと思います。一般的な指値とは、「株式取引等で、客が売買の値段を指定すること、また、客が指定した金額」のことをいいます。

不動産取引で使われる「指値」とは、「売主へ意思表示した買主の買いたい価格」のことをいいます。

つまり、単純に「この価格で買えればいいな」と買主が思っているだけだと、買い希望価格、すなわち「買値」ですが、買値を売主に明確に提示すると、「指値」となるわけです。

これに対して、「売主の売りたい価格」を「売値」といいます。

不動産取引は、売主と買主の相対《あいたい》取引なので、売買価格は、売値と指値の間で決まるのです。

◆指値の代表的な8つの方法とは？

指値の意味を確認したところで、次に、不動産取引でよく使われている一般的な指値の代表的な8つの方法について解説します。まずざっと流しますね。

これまで一般的に使われてきた指値の方法は、おおむね次の8パターンに分類することができます。

①割引率による指値
②物件のダメ出しによる指値
③修繕費用を根拠とする指値
④買える金額を根拠とする指値
⑤フット・イン・ザ・ドア
⑥感情に訴える指値
⑦積算価格に基づく指値
⑧収益価格に基づく指値

それでは、それぞれの方法について詳しくみていきましょう。

①割引率による指値

この方法は、指値の金額をある一定の割合で決める方法です。例えば、「一般的な不動産売買では売値の10パーセントまでが指値の限度」と不動産仲介会社から言われることがありますが、この「10パーセント」が割引率です。

割引率には特段の根拠はない場合が多く、その多くは不動産取引の慣習で決まっています。これ以外にも、叩き売りしなければならないような物件を「半値八掛けでも売れない」などと言ったりします。

「半値八掛け」つまり5割引の8割も経験則に基づくもので、根拠はない場合が多いです。つまり、この方法は古くから不動産業界でよく使われてきた方法であり、割合をただ掛けるだけなので、簡便な方法として使われてきました。

ただし、その割合に根拠が乏しい場合が多いため、売主からすると、単に買い叩かれているような気持がするだけで、納得感のない場合が多くなります。

②物件のダメ出しによる指値

この方法は、物件の欠点、すなわち「あら」を探して、そのあらの程度に応じて指値の金額を決める方法です。つまり、できるだけ多くあらを探して、その分、指値を厳しくしていくという方法です。

買主側としては、できるだけいい物件を安く買いたいので、「物件の欠点」を多く指摘してまけてもらうのです。買主からするとこの方法はすごく使いやすい方法です。

しかし、売主からすると、できるだけ売値に近い価格で売却したいと思っているところに指値が入るだけでも面白くありません。また、売却の理由は様々あるにしても、愛着のある物件を手放すのはさびしい気持ちもあるものです。

そこに、ただやみくもに物件の悪いところばかりを指摘して、買い叩こうとするこの方法に共感を覚える売主はいないでしょう。

この方法は、買主が売主よりも強い立場にあるときは、強力な方法なのですが、売主が買主と対等以上の立場の場合にはなかなか成功しにくい方法です。

③修繕費用を根拠とする指値

この方法は、中古物件を購入する場合に、修繕が必要な箇所の修繕費用の見積もりを取り、その金額を指値の根拠とする方法です。

きちんと専門の業者に見積もりを取っている場合には、先ほどの2つの方法よりも合理的根拠に基づいている方法といえます。

ただし、修繕費用を売主が負担する場合や、売主から、そもそも売値は修繕費用を控除したのちの金額と主張された場合には、この方法を使うことができません。

また、見積もりをとるにはある程度の時間や売主の協力も必要になるため、常に使える方法とは限らないのが実情です。

④買える金額を根拠とする指値

この方法は、売主に指値の金額で購入できるという証拠を提示することで、すぐに買えることをアピールする方法です。

売主としては、早く売りたいという心理が働きます。

したがって、売主はすぐに売れるのであれば、多少の値引きには応じようとするので、物件を現金で買えるほどの資金力を持っている場合や金融機関の融資の承認が下りている場合には有効な方法です。

ただし、人気の物件は、満額で買付が何本も入り、売値以上の金額で買い上がらないと買えない場合もあるので、その場合にはこの方法は使えません。

⑤フット・イン・ザ・ドア

この方法は、不動産の指値に限らず、一般的な交渉方法の一つで、交渉相手に、最初は高い要求を出しておいて（フット・イン・ザ・ドア）、次に最初の要求よりも応じやすい要求を出すことで自分の本来の望む要求を認めさせる方法です。

売主との関係において、使える場合が限られてきますが、使い方次第では有効な方法です。

⑥感情に訴える指値

この方法は、売主とのコミュニケーションを巧みに行って、売主の感情に訴えかけて、共感を覚えてもらうことで、指値の交渉を有利に行う方法です。例えば、売主さんに直接、手書きの手紙を送るなどです。

売主が個人の場合には特に有効な方法です。また、売主が法人であっても、担当者は個人ですので、同じような効果は期待できます。

人間は物を売ったり、買ったりする場合は、その判断は常に感情によって左右されるといわれています。不動産売買の場合も同様で、売主は同じ売却をするならば、自分が共感できる相手に売却したいと考えています。

逆を言うと、どんなに高い値段で買ってくれる相手でも、自分が気に入らない相手には売却しないものです。

つまり、売主に気に入ってもらうことができる買主は指値を含め、交渉を有利に進めることができるのです。

この方法をうまく使って、割安な物件を数多く取得している不動産投資家も数多くいます。不動産取引は、高額な取引なので、信頼関係が重要になるので、やはり最後には売主と買主の人間性が重要になるわけです。

⑦積算価格に基づく指値

この方法は、「不動産の希少価値」に着目し、その「不動産の費用性」から求められた価格である積算価格を根拠として指値を行う方法です。

指値の代表的な8つの方法とは？

1	割引率	5	フットインザドア
2	ダメ出し	6	感情に訴える
3	修繕費用	7	積算価格
4	買える金額	8	収益価格

合理的なロジックで指値の金額を決定している点で、売主からしても納得性の高い方法といえます。

ただし、収益不動産の場合には、収益性を考慮した収益価格が市場価格となる場合が多いので、積算価格をそのまま、指値の根拠とするのは難しいです。

ちょっと難しいと思いますので、ここではこういう方法もあるということだけ覚えてください。本書では、一般的な積算価格ではなく、積算価値という新しいアプローチで指値の根拠を求めています。積算価値の求め方については第2章で詳しく解説します。

⑧収益価格に基づく指値

この方法は、「不動産の利用価値」に着目し、その「不動産の収益性」から求められた価格である収益価格を根拠として指値を行う方法です。

合理的なロジックという点では積算価格と同様に、売主からしても納得性が高い方法です。ただし、この収益価格を求めるためには、還元利回りを査定する必要があるのですが、この還元利回りを求めるのはかなり難しい作業となります。そのため、一般の投資家ではなかなか実践することができないのが現状です。

本書では、一般的な収益価格ではなく、収益価値という新しいアプローチで指値の根拠を求めています。

収益価値の求め方については第3章で詳しく解説します。

◆指値のメリットとは?

指値のメリットとはなんでしょうか?

1番目のメリットは、指値をすることで売値よりも安く物件を買うことができることが挙げられます。

不動産取引は、売主と買主の合意で成立する相対取引のため、売買価格が必ずしも、市場価格であるとは限りません。なぜなら、不動産の場合、2つとして同じ商品がないため、その不動産自体の個別性が強く、そのため、売主と買主の個人的な事情が価格に反映される場合が多いからです。

2番目のメリットとして、指値をすることで、買主は自分の買いたい価格で物件を買うことができるようになることです。

不動産投資に限らず、投資の基本原則に「安く買って、高く売る」というのがあります。当然、このときに重要になるのが、購入時の「取得価格」なのです。

不動産投資の場合には、現在は年間のキャッシュ・フローを基本とした考え方が主流になっていますが、取得価格が低ければ、当然、取得してから売却するまでのトータルの期間で考えた投資としては成功しやすくなります。

したがって、出口戦略まで考えた投資リターンを考えたとき、目標とする取得価格で取得するために、指値を活用するのは有効な手段となるわけです。

3番目のメリットは、指値をうまく活用することで、どこにでもある普通の物件を、割安物件として買うことができるようになるということです。

別な言い方をすると、買い手側で価格を決めることができる唯一の手段が指値であるといえます。

一般に、収益不動産の物件情報は、売値だけでみると、投資したいと思える物件はほとんどないのが実情です。不動産投資の世界では、投資するに値する物件は「千三つ」すなわち、「千

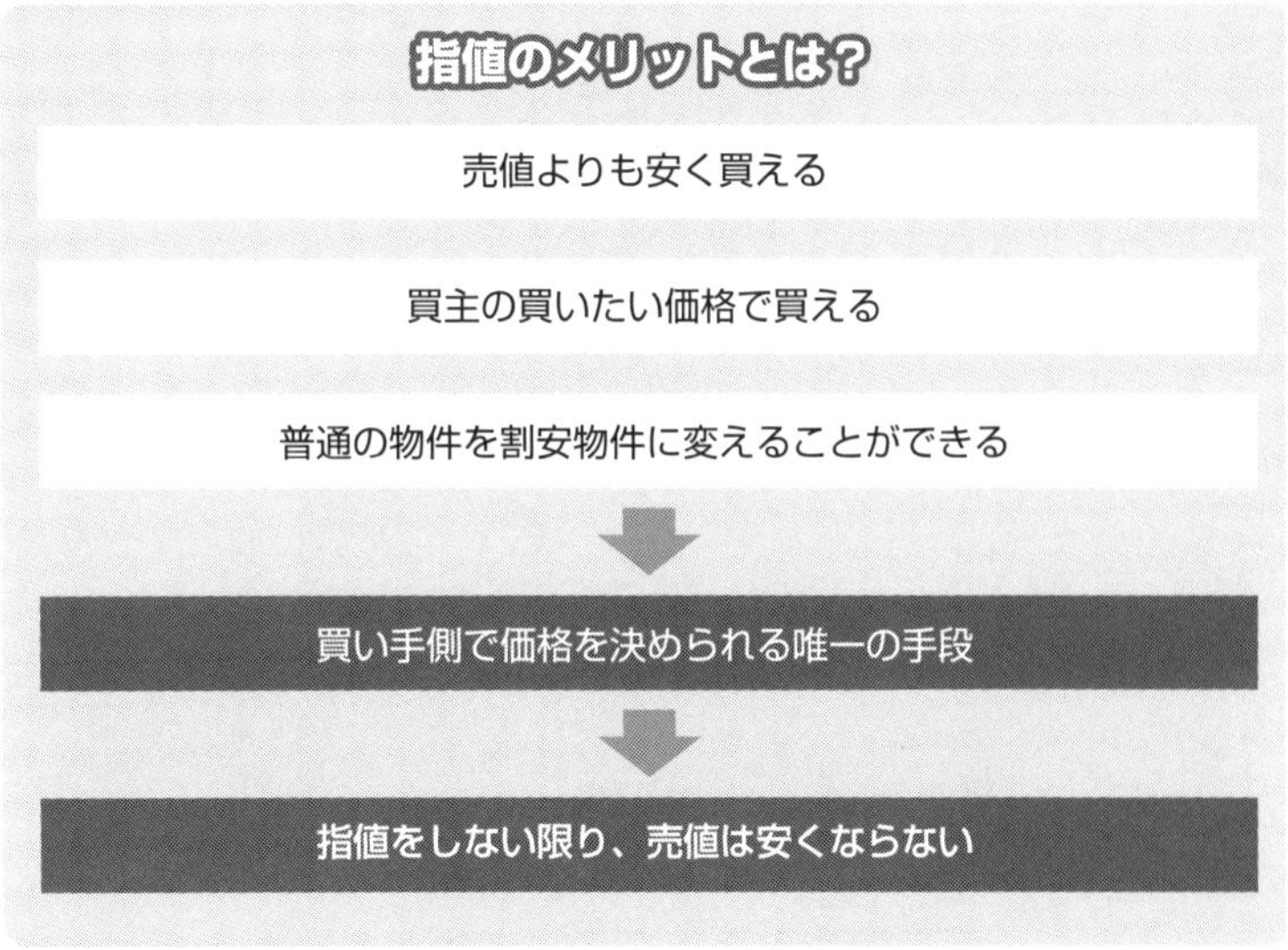
指値のメリットとは？
売値よりも安く買える
買主の買いたい価格で買える
普通の物件を割安物件に変えることができる
買い手側で価格を決められる唯一の手段
指値をしない限り、売値は安くならない

件の物件を検討して、三つあればいい」と言われています。

たいていの人はその「千三つ」の物件を探すのに疲れてしまい、待ちきれずにありきたりの物件を検討し始めてしまいます。

そして、指値交渉することもなく、結局、売値のままで売買契約を結んでしまうのです。

このような物件を買って、不動産投資で成功するのは難しいでしょう。

つまり、買主から積極的に指値交渉をしなければ、売値は安くならないですし、不動産投資で成功するのも難しいのです。

◆指値のデメリットとは？

それでは、指値のデメリットとはなんでしょうか？

1番目のデメリットとして挙げられるのは、

交渉に時間がかかるということです。

売主にすると、できるだけ高く売りたいという気持ちがあるため、売値よりも安い指値を受け入れるのは気分がいいことではありません。

したがって、指値の金額で売却を決めることに時間がかかる場合が多くなります。また、売主に残債が多く、金融機関が売却に関与する場合には関係者が多くなり、意見をまとめるのに時間がかかる場合もあります。

2番目のデメリットとして、結論が出にくいということが挙げられます。

売主の許容できる最低限の売却価格のギリギリの指値の場合には売主にとって売却するメリットがほとんどなくなるため、売却するかどうか判断を迷うことがあります。

最悪の場合には、売却自体をやめてしまうケースもあります。

したがって、大幅な指値をすればするほど、売却の結論が出にくくなります。

3番目のデメリットは、指値交渉で時間をかけすぎると機会損失が発生するということです。

指値の交渉の結果、その物件を買うことができれば損失とはなりませんが、物件を買えない場合には、費やした時間と労力が損失となります。

また、その時間で別の物件を検討し、購入できたかもしれないという意味でも機会損失になるのです。

指値のデメリットとは？

交渉に時間がかかる

結論が出にくい

機会損失が発生する

↓

無駄に時間をかけすぎないことがポイント！

↓

指値の回数をこなすことで、指値の通る確率はドンドン高まる！

したがって、指値をする場合には、無駄に時間をかけすぎないことがポイントとなります。もちろん指値は交渉なので、切り上げるタイミングを見極めるのは非常に難しいことです。

しかし、これから紹介する指値の方法を使えば、指値交渉のかなり早いタイミングで、交渉を続けるべきかどうかの判断ができるようになりますので、ご安心ください。

この指値の方法を使えば、時間をかけずに、指値の回数をこなすことで、指値の精度もあがり、指値の通る確率もどんどん高まるという好循環につながるようになります。

02 指値をしてはいけない物件とは？

なぜ指値をした方がいいかについては、理解していただけましたか？　大丈夫ですね。

では、次に、指値をしてはいけない物件について解説していきます。

指値をしてはいけない物件を検討する前に、その前提となる不動産の2つの価値について説明します。

◆不動産の2つの価値とは？

不動産の価値には、積算価値と収益価値という2つの側面があります。

積算価値とは、「不動産の費用性」に着目した価値で「希少価値」を貨幣価値であらわしたものです。

例えば、紙の材料は、パルプすなわち木材ですが、木材は一般的な材料のため、それほど高価なものではないので、紙も安価になります。つまり希少価値はそれほど高くないということになります。

それに対し、例えば、ダイヤの指輪となると、その原材料のほとんどが、ダイヤモンドということになり、ダイヤモンドは非常に希少価値が高いため、原材料も高くなり、結果としてダイヤの指輪も高価になるという具合です。

それに対して、収益価値とは、「不動産の収益性」に着目した価値で「利用価値」を貨幣価値であらわしたものです。

収益価値の具体例は、まさに一棟アパートをイメージするとわかりやすいです。「アパート」という箱があって、それを借りたい人へ貸すことによって、「賃料」という収入を得ることができます。

この賃料がたくさんもらえる物件は収益性が高く、収益価値も高くなります。

逆に賃料があまり取れない物件は、収益性が低く、収益価値も低いということになります。

◆「価格」と「価値」の違いとは？

次に、「価格」と「価値」の違いについて説明します。

さきほど、「積算価値」と「収益価値」という2つの価値について説明しましたが、これとよく似た言葉に「積算価格」と「収益価格」という言葉があります。

不動産投資を勉強している人には、この「積算価格」、「収益価格」の方がなじみがあるかもしれません。

本書では「価格」と「価値」を使い分け、基本的には「積算価値」と「収益価値」を使って、指値の仕方を説明します。

まず、「価格」とは、どういう意味でしょうか。

一般的に「価格」とは、売買するときの金額といえます。つまり、何か物を売ろうとしたり、買おうとしたりするときに、その「物の価格」は、1つの金額です。

例えば、100円ショップに行って、ノートを買おうとした場合に、そこで売っているノートの価格は100円です。つまり、そのノートの価格は1つしかないわけです。

次に「価値」はどのような意味になるのでしょうか？

一般的に「価値」とは、物を買おうとする人々が、その欲望（ニーズ）を満たすためにお金を支払うに値すると感じる度合いといえます。

つまり、物の価値は、その価値を判断する人によって変化するものであり、ひとつではないということです。価値観によって物の価値は異なってくるということです。

少し、わかりにくいので具体例をあげて説明します。

先ほどと同じように、ノートをイメージしてください。しかもこのノートは白紙ではなく、最後のページまでびっしりと書き込みのあるノートです。

ノートを買おうとする人は、そのノートに書き込みたいという欲望（ニーズ）があるために、ノートを買おうとする人がほとんどですので、使用済みのノートに価値を見出す人はほとんどいません。つまり、そのような人には、このノートは１００円の価値もないということになります。

では、このノートが現役東大生が大学受験の時にまとめたノートだとしたらどうでしょうか？

東大を目指す受験生にとっては喉から手が出るほど欲しいものになるかもしれません。実際に、インターネット・オークションでこのようなノートが何万円もの価格で売買されています。本になって出版もされていますね。驚きです。

つまり、同じものであっても、人によっては全く価値を感じないものでも、別の人にとっては、非常に価値あると感じられる場合があり得るのが、「価値」というものなのです。

本書で使う「積算価値」や「収益価値」も同じ意味で使っています。

つまり「積算価格」や「収益価格」は売主と買主の両者から見て、合理的なひとつの「価格」です。

これに対して、これから紹介する「積算価値」や「収益価値」は、不動産鑑定士の価格判定ノウハウとメガバンクの融資査定法を活用する買主だから感じることができる「価値」といえるのです。

したがって、他の不動産投資家にとっては「価値」を感じられない物件であっても、私の紹介する正しい指値の入れ方をマスターすれば、その「価値」を見抜き、その「価値」よりも割安の指値をして、物件を取得することができるのです。大丈夫です。本書を読んでいるあなたもきっと身につけられます。

◆指値をしてはいけない2つの物件とは?

指値をしてはいけない物件は2種類あります。

まず、1つ目の指値をしてはいけない物件は積算価値と収益価値のいずれもが売値を下回っている物件です。このような物件は、指値をしても通る可能性が低く、投資対象外とすべき物件です。

なぜなら、そのような物件は、利用価値と希少価値が売値よりも低いので、みんなが欲しくない物件であり、売値が価値よりも高すぎるため、誰も手を出さない、いわゆる売れ残り物件だからです。

このような物件であっても、本来の積算価値や収益価値を下回る価格で取得できるのであれば、いいのではないかという考え方もあります。

確かに、このような物件をあえて狙って、50%引きなどの大幅な指値をして物件を取得する投資手法もあります。

このような手法は、指値が成功して物件が取得できれば、いい方法といえますが、50%引きの指値はなかなか成功するものではありません。むしろ、失敗する確率の方が高いでしょう。

指値のデメリットでも説明しましたが、このような物件に時間をかけて指値交渉することは、費用対効果の点から効率的とは言えません。

このような物件を狙って指値交渉に時間をかけるぐらいなら、これから紹介する指値をすべき物件に時間をかけて指値交渉をした方が、よっぽど指値は通りやすいですし、取得した物件から得られるメリットも大きいでしょう。


指値をしてはいけないもう1つの物件は、積算価値と収益価値のいずれもが売値を上回っている物件です。

このような物件は、基本的に指値をするのが難しく、逆にすぐに満額の買付証明書を出すべき物件です。

なぜならそのような物件は、利用価値と希少価値が売値よりも高いので、みんなが欲しい物件であり、そのため、競争が激しく、売りに出ると即座に売却されてしまう、言ってしまうとバーゲンセールの物件だからです。

このような物件は、人気が高いため、場合によっては売値よりも高い価格で買おうとする人

指値をしてはいけない物件とは？

	積算価値 希少価値／費用性	収益価値 利用価値／収益性

売値よりも価値高い

指値不可 ➡ すぐに満額買付を出すべき物件

なぜならば、そんな物件は…
- ○ みんなが欲しい物件
- ○ 競争が激しい物件
- ○ 瞬間蒸発する物件

売値よりも価値低い

指値困難 ➡ 投資対象外とすべき物件

なぜならば、そんな物件は…
- ○ みんなが欲しくない物件
- ○ 売値が高すぎ、誰も手を出さない物件
- ○ 売れ残り物件

も出てくる、いわゆる「買い上がり」ということが起きてきます。

　したがって、このような物件に無理に指値をしようとしても、そもそも価格交渉の土俵に上がることが難しいのです。

　では、ここで具体例をあげて説明します。

　ある一棟ＲＣマンションの売値が１億１０００万円でしたが、その収益価値は１億１０００万円、積算価値はなんと１億７０００万円でした。

　当然、売りに出した当日に10件以上の買付が入り、いったん売り止めになった後、結局、１億１０００万円からの入札にな

指値をしてはいけない物件の具体例

○ 一棟RCマンション（3DK × 12室）

○ 平成元年築・神奈川県

○ 売値1億1,000万円
表面利回り12.2％ ➡ 積算価値1億7,000万円
収益価値1億1,000万円

⬇

当日に10件以上の買付が入り、いったん売り止め後、入札に

物元業者が収益物件の値付けを間違って募集した例。
積算で1億7,000万円出る物件を1億1,000万円で売りに出したため、買付が殺到。結局、入札となった。

りました。

これは、物元業者（売主側の仲介業者のことです。「ブッモト」といいます）が値付けを間違って募集した典型例でした。本来、積算価値で1億7000万円出る物件を、1億1000万円で売り出したために、買い付けが殺到したのです。

このような物件は、すぐに満額で買付を出さないと一番手にはなれないでしょう。

なぜなら、1億1000万円で買いたい人が10人以上いて、その人達は1億7000万円ぐらいまでの価値を感じているので、1億1000万円以上出しても買

いたいと思っているわけです。

当然、この物件は、すぐに買付を出さないと競争が激しいので一番手にはなれませんし、下手をすると1億1000万円以上の価格じゃないと、一番手になれないかもしれない物件なのです。

したがって、指値をしてじっくり交渉する物件ではないのです。

03 指値を入れるべき物件を一瞬で見分ける方法とは？

◆指値をすべき物件の2つのパターンとは？

指値をしてはいけない物件はよくわかったと思います。

「では、どのような物件に指値をすればいいのか？」とお思いの方も多いでしょう。

次に、指値をすべき物件についてお話しします。

ここでも先ほどと同じように、積算価値と収益価値と売値を使って説明します。

指値をすべき物件には、2つのパターンがあります。

1つ目が、積算価値が売値よりも高く、収益価値が売値を下回るような物件です。これを「パターンA物件」とします。

2つ目は、収益価値が売値よりも高く、積算価値が売値を下回るような物件です。こちらは「パターンB物件」とします。

このような積算価値または収益価値のいずれかが、売値よりも下回る物件は、その売値よりも下回る価値を指値の根拠とすれば、指値が通りやすいのです。

例えば、パターンA物件は、売値よりも収益価値が下回っているので、収益価値を根拠に指値をすればいいのです。

逆に、パターンB物件であれば、売値よりも積算価値が下回っているので、積算価値を指値の根拠とすれば、指値が通りやすいということです。

そして、指値が成功して物件を取得した場合、指値の根拠としなかったもう一方の価値である積算価値または収益価値は売値を上回っているので、割安に物件を取得できるのです。

つまり、パターンA物件であれば、積算価値が売値を上回るため、希少価値の面で割安に取得できているので、物件は売却する際にキャピタルゲインを得る可能性が高くなります。

また、パターンB物件であれば、収益価値が売値を上回るため、利用価値の面で割安に取得できているので、利回りが高く、キャッシュ・フローがたくさん残るというわけです。

◆このような物件に指値をすべき理由とは？

このような物件に指値をすべき理由は、指値が通りやすいからです。

では、なぜこのような物件は指値が通りやすいのでしょうか？

それは、積算価値または収益価値の一方の価値が、売値を下回っているからです。つまり、ある人にとっては魅力があるが、他の人には魅力を感じない物件だからこそ、人気もそれほどないため、指値交渉をする余地がある物件だからです。

具体的には、パターンA物件であれば、積算価値すなわち希少価値を目当てとした人たちにとっては非常に魅力のある物件ですが、収益価値すなわち利用価値に着目する人たちにとっては魅力が少ないわけです。

したがって、いずれの価値も売値をうわまわる物件よりも人気がなく、指値交渉の余地があるわけです。

逆にパターンB物件であれば、収益価値を重視する投資家には魅力的ですが、積算価値を重

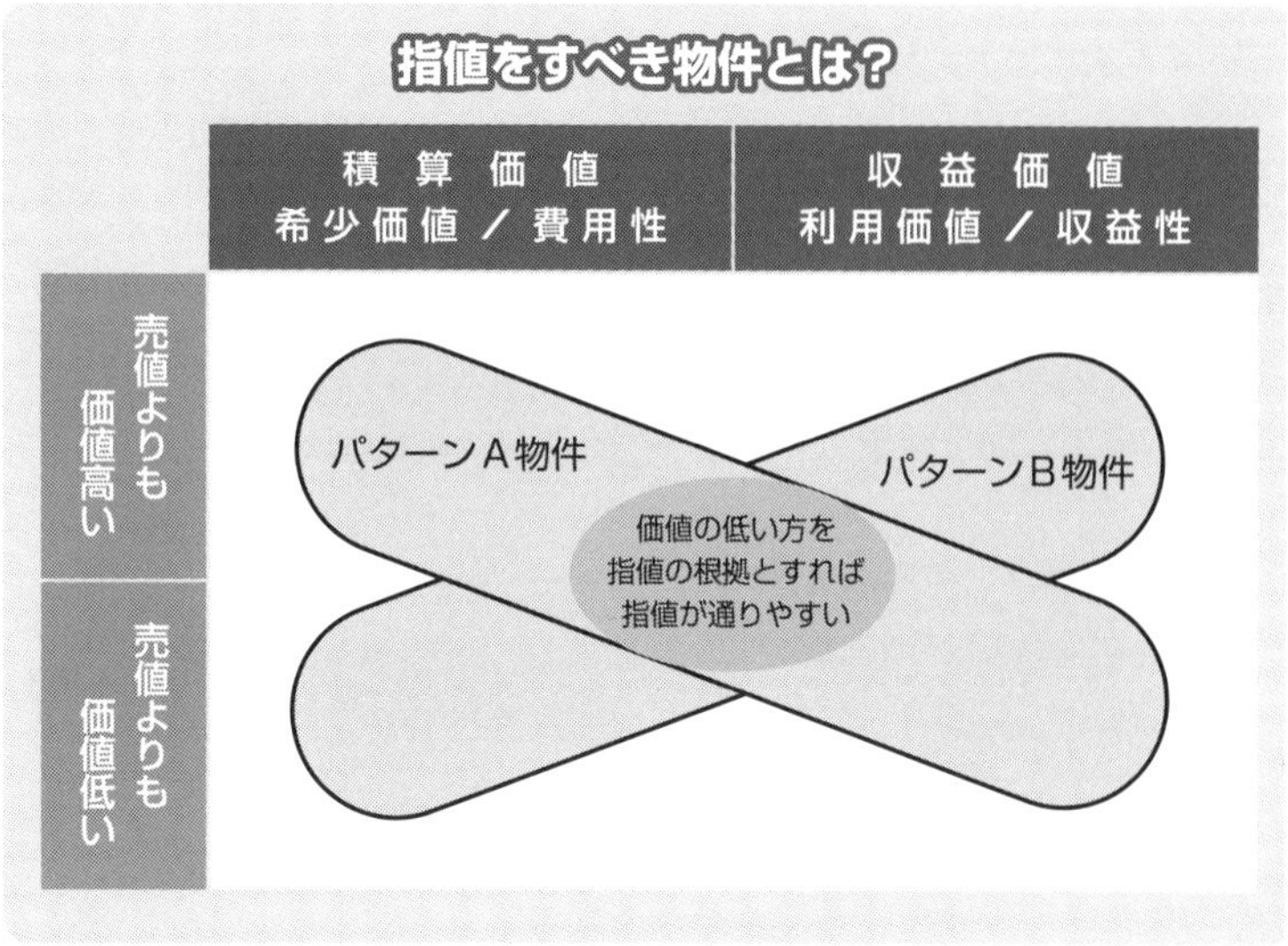

視する投資家にはそれほど魅力を感じない物件といえます。

私の指値の入れ方は、人気高い物件や売れ残り物件にムダな指値をするのではなく、万人受けしない物件を探し出して、指値交渉する方法なのです。

では、指値をすべき物件について、具体例をあげて説明します。

この物件は一棟RCマンションで、ワンルームが12室の物件でした。平成7年築で愛知県名古屋市に所在する物件です。

売値は当初8500万円で、表面利回りは10・6％でした。

積算価値は8500万円、収益価値は8000万円でした。

仲介会社に売値の根拠を確認すると、積算価

指値をすべき物件の具体例

○ 一棟RCマンション（1R×12室）

○ 平成7年築・愛知県名古屋市

○ 売値8,500万円
表面利回り10.6％ ➡ 積算価値8,500万円
収益価値8,000万円

銀行融資額7,700万円が確定し、7,700万円（10％引き）の指値が成功

売値の根拠は積算価値の8,500万円。
地方物件のため、融資できる金融機関が限られ、そのうち最も高い融資額を出した銀行評価額7,700万円で指値が成功した事例。

値の8500万円を売値にしているということでした。

現地調査後に、8000万円の指値をしたところ、最終的には銀行融資額が7700万円となったため、売買価格も7700万円で確定し、10％引きの指値が成功しました。

この物件は、愛知県名古屋市の物件という地方物件のため、融資できる金融機関が限られていました。

そのうち、最も高い融資額を出した金融機関の評価額が7700万円だったため、その価格で指値が成功した事例です。

この金融機関は積算価値よりも収益価値を重視する方針だったため、試算した収益価値8000万円よりも300万円下回る融資金額になったようでした。

この事例は売値の8500万円よりも

収益価値が８０００万円と低かったので、８０００万円で指値をし、さらには銀行融資額でさらに３００万円の指値に成功していますが、売値よりも低い価値を指値の根拠とすれば指値は通りやすくなるのです。

04 ほとんどの競争相手がしていない指値をする前にする、あることとは？

これまで指値をしてはいけない物件と指値をすべき物件について見てきましたが、指値をすべきかどうかを見極めるには次の３つのポイントが重要になります。

①積算価値
②収益価値
③売値

つまり、指値をすべき物件を見極めるためには売値を基準としてその物件の積算価値または収益価値のいずれかかが売値を下回っているかを確認すればいいのです。

３つ目のポイントの「売値」に関して重要なことが一つあります。

指値をすべき物件を見極めるには…

1	積算価値
2	収益価値
3	売値

↓

指値をする前に売値の根拠は必ず確認すること！

これは指値をする前に必ずしなければならないことなので、注意してください。

それは、「売値の根拠を確認する」ことです。

指値をすべきかどうかの基準として売値を使うことはすでに述べました。

積算価値と収益価値が売値に対して、高いか、低いかを確認することで、指値をするかどうかが決まるのです。したがって、その売値がどんな根拠で決まったかについては、指値をする前に必ず確認する必要があるのです。

どのように売値の根拠を確認するかというと、一番早いのが、客付業者（買主側の仲介業者のことです。「キャクヅケ」といいます）に確認することです。

客付業者から物元業者へ聞いてもらうことが一番早く、簡単な方法です。

当然、売主から明確に教えてもらえないことも多いです。しかし、完全にわからないとしても確認する作業は必ずやってください。

少しでも、売値の手掛かりをつかもうとする姿勢が指値を高確率で通すためには必要になってきます。成功の秘訣です！

05 初心者でも簡単！指値をするためのたった4つのステップとは？

◆一般的な指値の方法の限界とは？

これまで、指値をするために必要な基本的なノウハウについて説明してきました。

この章の最後に、具体的に「指値をするための4つのステップ」について解説します。

「指値をするための4つのステップ」の話をする前に、先ほど解説した一般的な指値の8つの方法のうち、「物件のダメ出しによる指値」と、「買える金額を根拠とする指値」について、もう一度おさらいしたいと思います。

「物件のダメ出しによる指値」は、建物の状態を確認し、物件のダメ出しをしながら修繕費用を見積り、繕費用にいくらかかるから、その分値引きしてほしいという方法です。

これは、一見、合理的な方法に聞こえますが、売主としては、今まで所有していた愛着のある物件を、批判されているように感じてしまうというデメリットがあります。

売主にとってはわが子のように可愛い物件をけなされたように感じて、交渉が決裂する可能性があるということです。

それでは、「買える金額を根拠とする指値」はどうでしょうか?

これは、銀行の融資金額や預金額などを提示して、購入可能な限度額を売主に提示する方法です。つまり、物理的にこれしかお金を持っていないので、この金額まで値引きしてくださいと交渉する方法です。

この方法は、銀行からの融資承諾を受けていたり、預金通帳を売主に提示した場合には説得力があります。

ただ、あなたも実感されていると思いますが、買える金額を訴えることによる指値には限度というものがあります。

「銀行に融資を打診しているうちに現金買い客にもって行かれた……」

「そもそも買主にアピールできるほど現金を持っていない……」

こんな声を私もよく聞きます。

競争相手の多い人気物件で競争相手よりも高い金額を出すことはなかなかできることではありません。なかなかできないことだから、結局、物件を取得できないのです。

逆に、手持ち資金がたくさんあるからといって、安易に買いあがると、収益性を度外視した高値つかみになる危険性があるのです。

気に入ったいい物件だからと言って、自己流で買いあがると割安な物件を取得するどころか高値つかみすることになるだけです。

◆高確率で落とせる指値の入れ方の驚くべき効果とは?

「そういう失敗はしたくない…、でも割安な物件を取得したい……」

そんな悩みが多かったからこそ、私はこの高確率で落とせる指値の入れ方を研究開発したのです。

それまでの私は、根拠のない指値を繰り返して、物件を買うチャンスを逃して今まで全然物件が買えていなかったのが、この方法を実践した後には、都心にある一棟マンションを指値して、売値の25%引きの割安な価格で取得したのです。

私はそれからも、割安な価格で2棟目を取得することができました。

しかも、この方法は、不動産を全く知らない初心者でも簡単に実践できるのです。

そしてこの指値の入れ方のすごいところはまだあります。

プロの不動産投資家でなければ難しいとされる、売主を納得させる合理的な根拠を売主に自信を持って提示することが可能なのです。

◆不動産投資のプロがつかう指値のためのたった2つのノウハウとは？

実は、不動産投資のプロのたった2つのノウハウを応用すれば、不動産を知らない初心者でも自信を持って指値ができて、都心の優良物件を割安に取得することができるのです。

不動産投資のプロである私は、不動産投資の素人が知らないノウハウを駆使して、物件を取得しています。

ですから、私は指値をする場合も、一般的な指値の方法だけでなく、不動産の専門家、すなわち、銀行融資と物件評価の専門家しか知らないノウハウを使って指値をしているのです。

つまり、「メガバンクの融資査定法」と「不動産鑑定士の価格判定ノウハウ」を使うのです。

その結果として、売主も納得する指値をすることができるようになります。

「そんないい方法があるなら試してみたい気持ちはあるけど……」

「たしかに、自分にもできるのかな……」と不安に思うかもしれません。しかし、ご安心ください。これまでに多くのクライアントが結果を出してきた正しい指値の入れ方をお伝えいたしますので、しっかり学んでください。

◆初心者でも簡単！　正しい指値をするためのたった4つのステップとは？

この方法は何も難しいことはありません。

誰にでもできる簡単な方法です。

おおまかに言うと、たった4つのことをやっていただくだけです。

①不動産鑑定士の価格判定ノウハウで積算価値を計算します。
②メガバンクの融資査定法で収益価値を計算します。
③積算価値と収益価値を比較し、指値の金額と根拠を決めます。
④その指値の金額と根拠を買付証明書に書いて売主に提出します。

たったのこれだけです。

これだけのことを実践していただくだけで、高確率で落とせる指値の入れ方の効果を実感することでしょう。

正しい指値の4ステップとは？

1	不動産鑑定士の価格判定ノウハウで、積算価値を計算する
2	メガバンクの融資査定法で、収益価値を計算する
3	積算価値と収益価値を比較し、指値の金額と根拠を決める
4	指値の金額と根拠を買付証明書に書いて売主に提出する

このノウハウを実践するだけでびっくりするくらい割安な価格で物件が取得できるかもしれません。

次章からは具体的な指値の各ステップについて詳しく解説していきます。

第2章

価格判定ノウハウで積算価値を計算する

不動産鑑定士が明かす価格判定ノウハウを使って、あなたでも簡単に積算価値を計算できるようになる。

01 本邦初公開！価格判定ノウハウとは？

まず積算価値の求め方から、説明をはじめます。

第1章でも説明したように、積算価値とは、不動産の希少性に着目した価値であり、不動産の土地と建物の費用性の観点から求められた価値ということになります。

収益不動産の場合には、土地と建物が一体になった不動産が一般的です。このような不動産を「土地建物」といいます。土地建物の積算価値を求めるためには、土地と建物のそれぞれの費用を求めていくことになります。

土地建物の積算価値の求め方を式にすると、以下のように表すことができます。

土地建物の積算価値 ＝ 土地価値 ＋ 建物価値

すなわち、土地建物の積算価値というのは、土地と建物の積算価値の合計ということになります。

したがって、土地建物の積算価値を求めるためには「土地価値」と「建物価値」をそれぞれ求める必要があります。

それでは、それぞれの土地価値、建物価値について解説していきたいと思います。

02 不動産鑑定士が教える土地価値の求め方

◆4つの土地の価格とは？

最初に土地価値について説明します。

不動産業界では、一般に土地の価格というのは、「一物四価（いちぶつよんか）」と言われています。

これはひとつの土地に対して、価格の指標となるものが、4つあるということで、なかなか土地の価格というのが分かりにくい要因のひとつになっているところです。

具体的にどのような価格があるかというと、次の4つが挙げられます。

①実勢価格
②公示価格
③相続税路線価
④固定資産税路線価

①実勢価格

実勢価格とは、一般に不動産屋がいっている「土地の相場」のことです。

土地の相場は、不動産の仲介会社が日々行っている不動産取引の中から形成されていくものなので、一般の人がすぐに調べられるものではありません。

当然、実勢価格を知るためには、実際に現地の不動産屋に行って、その周辺の土地の相場をヒアリングするということが必要になります。

逆の言い方をすると、土地の相場の資料やデータ、事例のようなものは、一般にはほとんど公表されていません。

公的機関が公表している数少ない取引事例のデータとして、「不動産取引価格情報検索」があります。

URL：http://www.land.mlit.go.jp/webland/servlet/MainServlet（左の図表を参照）

不動産取引価格情報検索

http://www.land.mlit.go.jp/webland/servlet/MainServlet

これは「国土交通省」が公表しているもので、日本全国の最近の不動産取引を取引事例としてまとめ、その一部をこのようなサイトにて、一般に広く公開しているというものです。

このような取引事例は、使い方によっては、実勢価格を知る上で非常に参考になります。ただし、注意しなければならないところがあります。

それは、あくまでも「過去に取り引きされた事例を掲載している」というものであり、過去になればなるほど、現在の実勢価格とかけ離れている可能性が高いということです。

本来の実勢価格というのは、「現在時点の土地の相場」ですので、「過去時点の土地の相場」が、必ずしも現在と同じでないこと」に注意する必要があります。

基本的には、過去の事例から現在の実勢価格を知るためには、現在時点までに取引事例の価格を修正する必要があります。

②公示価格

公示価格とは、国土交通省が発表する毎年1月1日時点の全国の主要なポイントの土地の価格のことです。すなわち、公示価格は「オフィシャルな土地価格」といえます。

この地価公示を実際に調査して鑑定評価を行っているのが、国土交通省から委託を受けた「不動産鑑定士」になります。

この公示価格は、国からの「お墨付き」がついた価格ということで、非常に信頼性の高いものといえますが、これはエリアごとに代表的なポイントを選定しているため、あくまでもそのポイントの価格ということになります。

検討している不動産が、「必ずしも地価公示のポイントになっているとは限らない」ということに注意しなければなりません。

即ち「どこの土地についても、公示価格があるわけではない」ということです。

むしろ、検討している物件に公示価格がない場合が多いので、その点には注意が必要です。

このような実勢価格や公示価格は、不動産をよく知らない初心者には、なかなか自分の検討している不動産に関する情報がわからないことも多いでしょう。

また、たとえ調べられたとしても、調べるのに時間がかかりすぎることもあります。

このような不動産についての相場情報についてまとめたレポートが、不動産鑑定士の発行する「不動産鑑定評価書」というものです。

不動産鑑定評価書は、実勢価格及び公示価格の両方を詳細に調査して、なおかつ「対象となる不動産に応じて修正した価格」ということになります。

個別の不動産の価格を具体的に知りたい場合には、不動産鑑定評価書を活用するというのも、ひとつの方法です。

③相続税路線価

続いて「相続税路線価」について説明します。「固定資産税路線価」と同様に「路線価」と呼ばれています。

本書は不動産を全く知らない初心者でも簡単にわかるようにというコンセプトで書いていますので、路線価の基本から解説していきます。

まず「路線価」という名前を聞いたことのない方も多いでしょう。「路線」という名前が示しているように、「道路に面した土地の価格」のことです。

この路線価は、相続税や固定資産税の税金の算定根拠となる土地の単価のことです。相続税や固定資産税などのそれぞれ税金の目的に応じて、路線価が決まっています。

相続税の場合だと、その路線価は「相続税路線価」に、固定資産税の場合だと「固定資産税路線価」になるということです。


かつては、この「相続税路線価」と「固定資産税路線価」のそれぞれについて、全く関連性のない価格がついていましたが、どういった根拠で価格が付けられているか、一般の人には、分かりづらいという問題点がありました。

現在も「相続税路線価」と「固定資産税路線価」は、それぞれ違う価格ですが、概ねその価格水準というのは全国一律の基準で均衡して決められています。

その基準というのが、先ほど伝えた公示価格を基準に、「相続税路線価」の場合だと公示価格の概ね8割程度、「固定資産税路線価」だと公示価格の概ね7割程度という水準で決まっています。


相続税路線価に話を戻しますが、これは金融機関が対象不動産の担保価値の査定で採用している土地価格になります。

これは、どういうことかというと、金融機関は、不動産を担保にした融資を、一般的に行っていますが、その際に担保となる「不動産の担保価値」を査定しています。

その担保価値の査定にあたっては、この「相続税路線価」を土地の価格として採用している

積算価値の求め方

積算価値 ＝ 土地価値 ＋ 建物価値

４つの土地価格

土地価格は「一物四価」

○ 実勢価格

○ 公示価格

○ 相続税路線価 ➡ 金融機関の採用する価格

○ 固定資産税路線価

ということです。

④固定資産税路線価

「固定資産税路線価」は固定資産税の算定の根拠となる路線価です。

◆金融機関が相続税路線価を採用する2つの理由とは？

それでは、なぜ金融機関がこの「相続税路線価」を採用しているのでしょうか。

理由として2点あります。まず一つ目の理由は、相続税路線価は、日本全国のほとんどの土地について、調べることができるということです。

当然、先ほど説明した「実勢価格」や「公示価格」にもメリットはあるのですが、欠点もあります。

「実勢価格」は、不動産屋に行ってヒアリングしないと、なかなか相場をつかむことが難しいですし、誰でも調べられるような公的な資料や一般的な資料というものが出ていないというデメリットがあります。

また「公示価格」は、全国で発表されているものの、一個一個の土地について必ずしも開示されていません。

実勢価格や公示価格を調べるためには、別途に不動産鑑定評価書が必要になり、時間も費用もかかるため、なかなか使い難いのです。

これに対して、相続税路線価は、一個一個の土地について、すぐに調べることができるため、金融機関で採用しているのです。

もうひとつの理由としては、「公的機関が発表している資料」であるということです。当然、金融機関が担保に取る不動産は、日本全国に及ぶ場合が多く、その場合に「公的機関が発表する価格」というものは、非常に信頼性が高いと金融機関は考えます。そのため相続税路線価を採用しているということなのです。

◆相続税路線価の調べ方とは？

では次に、相続税路線価の調べ方について説明します。

全国地価マップ

http://www.chikamap.jp/

相続税路線価は相続税の税額算定の根拠となる土地の価格と説明しましたが、一昔前までは調べるのも大変でした。

税務署に行き、市町村ごとにまとめられた電話帳のような「路線価台帳」を、自分で閲覧して調べていました。

それがインターネットの普及により、路線価台帳がＰＤＦ化され、インターネット上でも閲覧できるようになりました。

ただＰＤＦだと、１ページごとに検索しなければならず、調べたい土地がページの端にあるとわかり難いということもあり、あまり使い勝手のいいものではなかったのです。

現在はこの路線価を調べるサイトというのが数多くあり、その中でも非常に使いやすい物が「全国地価マップ」というサイトです。

URL：http://www.chikamap.jp/

（上の図表を参照）

このサイトの優れている点がいくつかあります。まず、非常に見やすいという点と、検索が簡単に出来るという点です。

例えば表示画面を見ると、左上に「住所からの検索」という項目があります。

ここに調べたい土地の都道府県からの住所を記載して、検索ボタンを押すと、調べたい土地を一発で検索することが可能です。

必ず対象地が中心になって出てくるので、非常に見やすいのがお分かりいただけると思います。これを使えば、初心者の方にでも簡単に路線価が調べられるでしょう。

ただ1点注意することがあります。当初の設定画面が「固定資産税路線価」の画面になっています。画面の上のタブをご覧ください。真ん中に「相続税路線価」というタブがあるので、こちらに切り替えるように注意してください。

「固定資産税路線価」を「相続税路線価」と間違えてしまうと、土地価格がかなり安くなってしまうので、その点にはご注意ください。

◆相続税路線価の見方とは？

「相続税路線価」の画面をみると、画面のような道路の真ん中に矢印があって、〇で囲った数字とアルファベットが地図上に見えると思います。このうち○で囲まれた「数字とアルファベットの文字の部分」が路線価になります。

調べたい土地の路線価の見方は、道路部分の矢印が路線価になりますので、この矢印の部分に、調べたい土地が入っているかをまず確認してください。

つぎに、数字の意味について説明します。

例えば「275C」という3桁の路線価があったとします。この数字は千円／㎡単位になっていますので、「275C」だと、27万5000円／㎡がその土地の路線価になります。

3桁の数字の右側のアルファベッドは借地権の割合です。先ほど路線価というのは、税金の算定根拠になっていると説明しましたが、借地権の場合も税金の対象になるということで、借地権の割合を示す記号が記されています。

借地権というのは、簡単にいうと「土地を借りる権利」です。当然、土地を借りる権利にも価値があります。一般に借地権も売買の対象になっているのです。ですから借地権の割合を、まったく借地権のない土地と比較してどのくらいの割合であるかというのを、このアルファベッドによって示しているのです。

借地権の割合には何段階かあるのですが、その段階に応じて、借地権割合が決まっています。

例えば記号がCだと70パーセントと決められています。ですから借地権の価値を求める際には、その路線価の土地価格を求めて、それに対応する借地権割合を掛けると借地権の価格が求められるということです。

◆全国地価マップのもう一つの優れたところとは？

最後に一番右のタブのところに「地価公示・地価調査」があるのが見えると思います。このサイトの優れているところは、路線価のみならず「公示価格」も合わせて調べられるということです。

「公示価格」のことを「地価公示」ともいいます。

「地価調査」とは、都道府県が公表する毎年7月1日時点の土地価格のことです。

地価公示の場合は、調査を行う主体は国土交通省になりますが、地価調査は都道府県になります。調査主体が別の調査ということで2つの名前がそれぞれ記載されています。

また、価格時点も異なっており、地価公示の場合は毎年1月1日現在の土地の価格、地価調査の場合は、毎年7月1日現在の土地の価格になります。

あえて地価公示と地価調査は価格時点を半年遅らせることで、土地価格の推移を分かりやすくしています。

地価調査ですが、地価公示とは基本的に違う場所で算定されているので、地価調査、地価公示の中で、いずれか近いものを探すといいでしょう。

右側の「地価公示・地価調査」のタブをクリックすると、地図上周辺の地価調査ポイント、地価公示ポイントが地図上に表示されます。そこポイントをクリックすると、それぞれの価格などの詳細な情報がわかります。

◆土地価値の求め方とは?

では「不動産鑑定士が教える土地価値の求め方」のまとめに入りたいと思います。

「土地価値の求め方」ですが、先ほど説明したように相続税路線価を調べて、それに調べた土地の面積を掛けると土地価格が求めることができます。式で表すと次のようになります。

土地価値 ＝ 相続税路線価 × 土地面積

土地価値は、「相続税路線価×土地面積」ということです。

非常に簡単な式になっていますが、これはあくまでも「土地価値」の求め方ということにご留意ください。

一般的に「土地価格」を求める場合には、このような単純なものではなく、更にその土地の個別の事情を反映させて求めるのが一般的です。

◆土地価格を求める際の注意点とは？

「土地価格」を求める際には、例えば、先ほどの相続税路線価に、「時点修正」が必要になります。

ちょっと難しい言葉ですが、時点修正とは「現在時点までに修正すること」です。

当然、相続税路線価にも、その価格時点が決まっているので、現在時点に比べると過去時点であり、それを現在時点に修正する必要があるということです。

なおかつ土地はいろんな形状、特徴というのがあります。

例えば、道路に二方向に面している角地ということだと、角地であることにより、土地の価値にプラスに働くことを反映させなければなりません。

さらに形が正方形でなく、不整形な形ということになると、その分、土地の価値を下げる必要があります。

そういった様々な個別の要因を、「個別的要因」と言います。土地の価格を求める際には、こういった時点修正や個別的要因を加味し、最終的な土地の価格を求めていきます。

◆土地価値を求める際に、不動産の個別的要因を反映させない理由とは？

土地の価値は、人それぞれ価値の感じ方、度合いが違うということを第1章で説明をしましたが、土地価格ということになると、売主と買主で合意されたひとつの価格、ひとつの値段というのが決まっています。そのひとつの価格を求めるためには、こういった細かい時点修正や個別的要因の反映を行う必要があるのです。

ただし、本書の目的は、「指値の金額を決める」ことですから、あくまでも「価値を求める」ということに集中して、このような単純化した式にしています。

指値にあたっては、土地の価値を大づかみにするというのが非常に重要になってきますので、本書では相続税路線価という単価に面積を掛けると土地価値になるという考え方を採用しています。

03 不動産鑑定士が教える建物価値の求め方

◆建物価値の求め方とは？

建物価値は次のような式で求めることができます。

建物価値 ＝ 建築単価 × 延床面積 ×（1 － 減価修正）

いろいろ専門用語が出てきたので、一つ一つ解説していきます。

「建築単価」というのは、建物の構造によって異なる新築時点の建築単価のことです。建物価値を求めるためにはまず建築単価を求める必要があります。

次の「延床面積」というのは、建物の床面積の合計のことです。

「減価修正」というのは、新築物件以外の場合に行う修正で、経過年数を経過した現在の建物価値に修正することを言います。

「建築単価×延べ床面積」だけだと、新築した当初の建物価格ということになります。

したがって、対象物件が新築でなければ、築年数が経過していることを建物価値に反映させる必要があります。そのために減価修正を行います。

減価修正については後ほど説明しますが（1－減価修正）ということは、現在の価値に引きなおしているということです。この部分を「現価率」という言い方をします。

◆建築単価の求め方とは？

次は建築単価について説明します。

建築単価ですが構造によって単価が変わります。建物は主に次のような5つの構造に分類することができます。

①木造
②軽量鉄骨造
③鉄骨造（重量鉄骨造）
④鉄筋コンクリート造
⑤鉄骨鉄筋コンクリート造

建築単価（参考）

構造	建築単価（円／㎡）	法定耐用年数	経済耐用年数
木造	125,000	22年	20年
軽量鉄骨造	120,000	19年	20年
鉄骨造	170,000	34年	35年
RC造	200,000	47年	40年
SRC造	210,000	47年	45年

鉄骨造の場合は鉄骨の厚みによって、厚さが6㎜未満の鋼材を「軽量鉄骨造」、厚さが6㎜以上の鋼材を「鉄骨造」と分けることができます。鉄骨造は「重量鉄骨造」という言い方もします。

鉄筋コンクリート造は、英語の「Reinforced-Concrete（補強されたコンクリート）」を略して「RC造」といい、鉄骨鉄筋コンクリート造は英語の「Steel reinforced concrete」を略して「SRC造」というのが、不動産業界では、一般的ないい方です。

この構造によって単価が異なります。例えば木造の場合だと「12万5000円／㎡」というように単価が決まってきます。違う構造になると、例えばRC造の場合、建築単価が「20万円／㎡」と変わります。建築単価の表を記載するので、参考にしてください。

◆減価修正とは？

次に「減価修正」について解説します。減価修正を式で表すと次にようになります。

減価修正 ＝ 経過年数 ÷ 耐用年数

減価修正とは、新築時の建物価値から建築当時から現在時点までの経過年数の減価と説明しました。

逆に言うと、建物の「現在価値」を求める必要があるということです。現在価値を求めるためには減価修正をする必要があり、それを式で表すと（1 − 減価修正）となります。

◆2つの耐用年数の違いとは？

次に耐用年数を解説します。「耐用年数」とは建物の使用目的として、実際に使用できる期間のことです。

耐用年数は「法定耐用年数」と「経済耐用年数」に分けることができます。

「法定耐用年数」ですが、これは税務署で税金の算定のために使われている耐用年数です。法定耐用年数は税法上の規定ということで、全国一律の基準が設けられています。

これに対して「経済耐用年数」は経済的減価を反映した建物の耐用年数ということです。つまり、経済的減価を考慮した実際に使用できる期間になります。

「経済耐用年数」は主に金融機関が使っているもので、担保価値の算定のために各金融機関が独自に決められています。

法定耐用年数がひとつの数字に決まっているのに対して、経済耐用年数は様々な金融機関によって数字が異なります。ですから表に出ている数字はあくまでも一例です。

また、経済耐用年数は、建物の個別的な「減価要因」という考えを表しています。

◆建物の個別的な減価要因とは？

ここで建物の個別的な減価要因について解説します。

建物の個別的な減価要因は、「物理的減価」「機能的減価」「経済的減価」の3つの減価があります。

①物理的減価

ひび割れ、クラック、錆など、目に見える物理的な減価です。当然、ひび割れなどがあると、建物としては劣化しているため、その部分は価値が減少していることになります。

②機能的減価

例えば内装設備で、築古の物件でみられるバランス釜というお風呂があります。現在はユニットバスの物件がほとんどなので、バランス釜だと、旧式の設備と見なされ建物の価値としては減少します。

③経済的減価

物理的に建物として存在していても、それを人に貸す場合には、難しい状況があります。このような場合には経済的減価を考慮します。

例えば築50年くらいの建物で外見も古めかしい、なおかつ内装設備も非常に使い勝手が悪くなっている、建物の劣化も進んでいるという物件があったとします。

人が物理的には住むことはできたとしても、これを他人に貸して賃料を取るのが難しいという状況がありえます。

このような場合には、既に経済的な減価が著しくて人に貸すことが出来ないと考えます。物理的に建物が存続するということでなく、あくまでも人に貸せる期間という見方をしたのが経済耐用年数となります。

◆法定耐用年数と経済耐用年数のどちらを使うべきか？

「経済耐用年数が、ひとつの数字に限らないから、どうやって、法定耐用年数と経済耐用年数を使い分ければいいのか？」という質問をよく受けます。

基本的には具体的に融資を受ける金融機関が決まっているなら、その金融機関の経済耐用年数を使えばいいでしょう。

その方が、より実践的な数字ということで、求められた価値というのも非常に正確になります。

ただし、融資する金融機関が特に決まっていなく、指値をするにあたって、大つかみに価値を調べたいというときには、法定耐用年数を使うことになります。

04 実際に積算価値を計算してみましょう！

言葉だけの説明だけだと分かりにくいところもあるので、これからは実際に積算価値を計算してみましょう。

計算にあたっては具体的な設例を設定します。その設例に従って計算をしていきます。設定として次のようなものを想定しました。

（例）

・一棟ＲＣマンション
・土地面積　９４５㎡
・相続税路線価　13万円／㎡
・経過年数　17年
・法定耐用年数　47年
・建物面積　１１９５㎡
・建築単価　20万円／㎡

という収益物件を想定します。

まず、土地価値を求めます。土地価値の求め方は「相続税路線価×土地面積」と解説しました。

土地価値 ＝ 13万円／㎡ × ９４５㎡ ＝ １億２２８５万円

という土地価値になります。

次に建物価値ですが、これは「建築単価 × 延床面積 × （1 − 減価修正）」と解説しました。
この（1 − 減価修正）というのが現価率、すなわち「現在の価値率」ということです。

建物価値 ＝ 20万円／㎡ × １１９５㎡ × （１ − 17／47） ＝ １億５２５５万円

と建物価値が求められます。
積算価値というのは「土地価値＋建物価値」の合計になるので、

土地建物の積算価値 ＝ １億２２８５万円 ＋ １億５２５５万円 ＝ ２億７５４０万円

となり、土地建物の積算価値としては、2億7540万円ということになります。

05 不動産鑑定士が必ずチェックする積算価値の2つのポイントとは？

不動産鑑定士が積算価値を判定する際にチェックすることは、ポイントとして2つ挙げることができます。

【ポイント①】
積算価値と市場価値の関係について
【ポイント②】
積算価値と担保価値の関係について

◆ポイント①　積算価値と市場価値の関係について

ここで皆さんに質問ですが、投資物件の「市場価値」とは、どういった価値になるでしょうか？
投資物件の市場価値とは、「収益価値」になります。なぜ、投資物件の市場価値が収益価値になるかというと、投資物件はその物件に投資して「儲かるのか否か」ということが非常に重要になるからです。

その場合に、「不動産の収益性」が最も重要な要素になります。当然、収益性の高い物件であれば、投資としても非常にいい物件となるからです。


具体例をあげて説明します。バブル期に作られた豪華なマンションをイメージしてください。例えば、外壁とか内装に大理石を使っている、非常にコストをかけた建物で、設備もプールがあるなど、贅沢な造りになっているマンションをイメージしてください。

当然このようなマンションは建築コストを物凄くかけていますので、積算価値は非常に高くなります。

ただし、昨今の経済状態をみると、こういったバブル期のマンションであっても、高級なマンションを借りる人が減少してきています。

そのため、賃料も下落し、単純に豪華な造りだから高い賃料で借りてもらえるかと言えばそうではないという状況です。

つまり「プールや大理石でなくても、安い賃料の方がいい！」という入居者の方が増えてきています。設備が良くても入居者が入らないと、当然その賃料も下がってきます。

そのようなマンションを投資目的で買いたいという不動産投資家は何を根拠に価値を求めているのでしょうか？

それは、現在入ってくる家賃をもとに計算した価値、すなわち「収益価値」になります。賃料が下がると収益価値も低くなります。

当然、不動産投資家が投資する際には、その低くなった収益価値で投資の採算が取れるかという点で判断します。

したがって、いかに設備にコストをかけた積算価値が高い物件であったとしても、実際に買うときは収益価値を基準にしているので、積算価値が必ずしも市場価値を表していないといえるのです。

◆積算価値を求める理由とは？

では、「何故わざわざ積算価値を求める必要があるのか？」という疑問を持つ人も多いと思います。

積算価値を求める理由としては、「金融機関の担保価値の基準となっている価値であるから」です。

これはどういうことかというと、不動産投資では、投資金額も多額になります。通常でも何千万円、大型物件だと何億円から何十億円という多額な金額になります。

そういった場合、全額現金で買うというのは難しいケースになります。100万円単位であればキャッシュ（現金）で買うというのも現実的ですが、何千万円から何億円となれば、なかなか個人が現金で買うのは難しいわけです。

したがって、不動産を購入する際に金融機関からの借り入れを前提とする場合が多くなります。

金融機関の借り入れを前提にした場合には、その融資額が非常に重要になってきます。

そうすると、「金融機関の融資金額は、何によって決まってくるのか？」という話になりますが、金融機関は、融資金額はその不動産の担保価値を基準にして決めています。

「積算価値」というのは、この担保価値の基準となるために、金融機関は担保価値を求めるために、積算価値を算定します。

◆ポイント②　積算価値と担保価値の関係について

積算価値と担保価値の関係は、積算価値と担保価値はイコールか、もしくは積算価値は担保価値より大きいという関係があります。

これはどういうことかというと、積算価値とは担保価値の基準になっていますが、担保価値より通常は価値が大きくなるということです。

なぜなら、担保価値というのは、通常どおりに借入金を返済している状況ではない、いわゆる緊急事態のときに、重要になってくる価値だからです。

具体的に担保価値を説明すると、借り入れの返済が滞ったとき、その物件を「売却したらどのくらいの金額になるか？」という価値が担保価値です。

結局、金融機関としては返済金が滞った場合には、担保となっている不動産を処分します。できるだけ早く担保物件を処分して、貸付金を回収したいという話になります。

物件は出来るだけ早く売りたいということなので、通常の売買のように長い期間かけて売却することを想定しません。すぐに売った場合の価値となりますので、一般的な積算価値に比べると低い価値ということになります。

さらに金融機関が担保物件を処分する局面は、特殊な状況で、いわゆる競売や任意売却という状況です。競売や任意売却の売値は、通常の積算価値に「掛け目」という調整率をかけて算定するのが一般的です。

そのため、担保価値は積算価値よりも低い価値で求められるのです。

◆積算価値を求めるもう一つの理由とは？

この積算価値と担保価値の関係について、融資の面から、もう少し詳細に説明します。

担保価値と積算価値の関係に加えて、融資金額の関係について述べます。

担保価値は、「積算価値 × 掛け目」と言い表すことができます。

それと同時に担保価値は融資金額の基準になっています。

「担保価値 ＝ 融資金額」、もしくは「担保価値 ＞ 融資金額」という関係性です。

「積算価値 × 掛け目」というところですが、この「掛け目」とは、いわゆる調整率なので、

積算価値の「キモ」

1

積算価値 ≠ 市場価値

- 金融機関の担保価値の基準となる価値
- 投資物件の市場価値は収益価値だから

2

積算価値 ≧ 担保価値

- 競売・任売で処分するため、実際には積算価値に掛目を入れる
- 返済が滞った時にすぐに処分できる価値

融資状況、不動産市況、金融情勢によって、そのときどきで変わってきます。一般的には7割程度の掛け目にしている金融機関が多いです。

これも、例えば、不動産市況がよく、貸し出し状況がいい場合には、70パーセントより高く設定されるケースが多くなります。

融資状況は一番いい状況の場合には掛け目が最大100パーセントまでいきます。逆に市況が悪いと掛け目が下がり、例えば50パーセントくらいになります。

したがって、貸し出し状況がいい時は掛け目が100パーセントになるため、「積算価値＝担保価値」となりますし、また掛け目が70〜50パーセントになりますと、当然、担保価値は、積算価値よりも低くなるのです。

06 不動産投資家からみた価値判定の3つのチェックポイントとは？

この章の最後に、不動産投資家の価値判定ノウハウを解説します。

不動産投資家として、皆さんにお伝えできる価値判定のノウハウを、3つのポイントに絞って紹介します。

今まで申し上げた積算価値ですが、これは指値の根拠として使うには非常に優れたツールとなります。しかし、あくまでも積算価値を求める目的は金融機関の担保価値の算定のためと解説しました。つまり、金融機関の目線からみた価値ということです。

当然、不動産投資に当たっては不動産投資家の目線というのも忘れてはなりません。その違いを3つのポイントにまとめました。

この3つのポイントは、当然、検討物件の投資の判断において重要になりますが、物件を買った後に、「如何に物件を売却していくか？」という、将来の出口戦略においても非常に重要となります。その点を念頭に置いて読み進めてください。

◆ポイント① 土地の実勢価格と路線価の乖離に注意する

土地の実勢価格というのは、現在の土地の相場価格で、日々刻々と変わってくるものです。まさにマーケット価格といえます。それに対して路線価というのは、税金の算定の根拠にするために国が決めた価格です。こちらはマーケット価格とは別のものです。

したがって、実勢価格と路線価が乖離するというのが普通におこります。特に人気のあるエリアならば、実勢価格が路線価よりも高くなって、路線価の2倍の実勢価格がつくもの一般的によくあります。さらに人気の商業地域であれば、路線価の3〜4倍の実勢価格取引されることもよく聞く話です。

これに対して人気のないエリア、例えば地方へ行くと、実勢価格が路線価よりも低くなるということがあります。最悪、全然売れない場合、実勢価格が0というのもあり得ます。ただ、そういった場合でも、税金は必要なので、路線価はついています。積算価値の計算では相続税路線価を使いますが、その際に必ず「現在の土地の今の相場がいくらなのか?」ということを、不動産仲介会社にヒアリングしておくのが重要です。

積算価値が高い物件は、融資もおりやすいということで、購入する際には問題ないかもしれません。

ただし、いざ物件を売ろうとした場合、実勢価格を調べておかないと、「土地の価値が全然ない」ということがあとでわかって、物件を売却できないということになりかねませんので、ご注意ください。

◆ポイント②　土地と建物の個別性について

不動産は土地と建物に別れていますが、土地と建物のいずれも、まったく同じものは存在しません。ここまで個別性が強い商品はほかにには無いでしょう。

したがって、一個一個の不動産の「価格」を求めるということになると、それぞれの不動産の特徴、すなわち土地や建物の特徴を価格に織り込んで求める必要があります。

これに対してそれぞれの不動産の「価値」を求めるということになると、ひとつひとつの不動産の特徴によって満足する効用の度合いは異なるため、人それぞれによって満足する価値の度合いが変わるので一概には言えません。

ただ、そうは言いながらも一般的な市場で売買されていく中で、ある程度の平均的な価値の度合いというのは、市場の中で決まってくるものです。

積算価値を求める場合には、土地と建物の個別性を考量する必要はないといいましたが、そうは言いながらも、例えば角地であれば売りやすいので、そういった個々の状況をおおまかに把握しておくことは非常に重要です。

建物の場合ですと建物の管理状況がよければ、具体的には、共用部分がキレイに清掃されているといったことがあれば、当然、物件を売却する際も非常に売りやすいということになるのです。

そういう意味では、管理状態がいいことは建物の価値にプラスに働いているといえます。ただ、実際の計算上は機械的に減価修正して、現在価値を求めるということですので、そういった管理状態まで価値に反映されていません。しかし実際には管理状況がよければ売却価格にはプラスに働くことに注意する必要があることを念頭に置いてください。

◆ポイント③　積算価値と収益価値の乖離について

収益価値については、第3章で詳しく解説しますが、「積算価値と収益価値に差がどうして生じているのか？」ということを必ず気にとめておくことが重要です。

先ほど積算価値は、市場価値と必ずしも一致しないといいましたが、これは即ち、収益不動産が「収益性を重視して価値が形成される」からです。

したがってバブル期のマンションのように積算価値が高かったとしても、収益価値が低い場合には、なぜ積算価値と収益価値が乖離しているのかについて十分に確認する必要があるといえます。

いくら積算価値が高かったとしても実際の賃料を調べておかないと、収益価値が低いというのがわからないので、そういう意味で積算価値と収益価値の乖離する理由を分析することが重要です。豪華な設備が必ずしも賃料と連動していない点を見抜いておくことが重要になります。

価値判定の3つのチェックポイント

1. 土地の実勢価格と路線価の乖離
2. 土地と建物の個別性
3. 積算価値と収益価値の乖離

↓

市場価値との差を常に意識する！

わかりやすい例でいうと、内装設備を豪華にしたからといって、賃料が上がらないケースがあります。

「2DKの古いマンションのタイプを1LDKにリフォームした」とか、「3点ユニットだったものをセパレートの別々のバス・トイレにした」といったコストをかけてリフォームしても、実際に賃料が上げられるかどうかというと、必ずしも投下したリフォーム代金に見合うような賃料の値上げが期待できない場合もあります。

費用対効果をきちっと考えないと、結果的には収益性が上がらないことになりますので注意が必要です。

以上、不動産投資家の目線から注意すべきポイントを3つ挙げました。

この3つのポイントの結論としては、3つの観点から市場価値との差を常に注意しておくのが重要になるということです。

　ここまでいうと、「市場性との差を認識するというのはよくわかったけれども、自分は初心者でそこまで分析するのは難しい！」と思われる方もいらっしゃるでしょう。

　当然、市場価値との差を意識するには、専門的な知識とか豊富な経験が必要になります。ましてや時間も非常にかかるということで、「サラリーマンをやっている私には、そこまで時間もかけられない」という方もいらっしゃると思います。そういった方は、不動産鑑定士などの専門家にサポートしてもらうのも有効な方法でしょう。

第3章

メガバンクの融資査定法で収益価値を計算する

アパートローンの融資基準は実際には使えない。
金融情勢やタイミングによって変化しない、
融資のベースとなる「融資査定法」で考える。

01 メガバンクの融資査定法とは？

「融資査定法」という言葉から、皆さんはアパートローンの融資基準をイメージされるかと思います。

当然、アパートローンの融資基準を知っていると、金融機関と話をしやすいので、融資基準を逆手にとったテクニックや裏技を期待される方も多いでしょう。

実はこれから紹介する融資査定法は、アパートローンの融資基準ではありません。

この章では、すべての融資のベースとなる考え方について紹介します。

したがって、アパートローンの融資基準といったものでなく、テクニックとか裏技の類でもありません。

◆アパートローンの融資基準を公開しない理由とは？

そういうと、テクニックとか裏技を期待していた方はがっかりされるかもしれません。しかし、私があえてそのようなアパートローンの融資基準を公開しないのには理由があります。

なぜならば、結局、アパートローンの融資基準というものは、融資の貸出し状況のタイミングによって、常に変化していくものだからです。

つまり、融資状況がいい時と引き締めている時では、まったく違った基準である可能性があるということです。


例えば、サラリーマンによる不動産投資がブームになった時期に、金融機関の融資状況が良好だったことから、アパートローンでも、フルローン、オーバーローンが出ていた時期がありました。

あるメガバンクが収益還元法による収益価格を融資査定法の基準として使っており、かなり積極的にフルローン、オーバーローンの融資がされていました。

この銀行はリーマンショックの手前ぐらいのタイミングで、融資基準をかなり厳しくしたため、現在ではフルローン、オーバーローンができなくなりました。

このメガバンクは結果として、今では、サラリーマン投資家向けのアパートローンはほとんど融資していないという状況です。


こういった銀行の融資状況、不動産の市況とか金融情勢によって、融資基準は変化していくものです。その時には使えるテクニックや裏技があったとしても、状況が変わるとまったく使えなくなってしまうことが起こりうるのです。

したがって、今回私が紹介する融資査定法は、こういったタイミングによって変化するものではなく、いつの時代でも必ず使える「融資のベース」となる考え方を活用した方法です。

この方法は簡単な方法なので、不動産をよく知らない初心者でも、今すぐに使うことができますし、将来にわたっても継続的に使える方法です。


また、この融資査定法は、融資の基本的な考え方をベースにした方法なので、当然メガバンクで使うことも可能ですし、他の金融機関、例えば地方銀行、信用金庫、その他ノンバンクでも使える方法です。

つまり、すべての金融機関に当てはまる考え方なので、皆さんにとって再現性の高い方法なのです。

◆融資査定法の具体的な内容とは？

では次に、メガバンクの融資査定法の具体的な中身について説明します。このメガバンクの融資査定法を一言でいうと、

「リスクとリターンの関係を把握する」

ということです。

当然、金融機関はお金を貸すことが事業ですから、貸したお金が返ってくるのかどうかが事

業のリスクになるわけです。

逆に、借入金に対応した金利をもらうことが、金融機関にとっては事業のリターンになります。このリターンは、借入金に対して年間数パーセントというものなので、事業としての利回りは非常に低いといえます。

そのため、金融機関はリスクに対しては非常に神経質に見ているわけです。

わずか年間数パーセントのリターンのために、貸付金が回収できないということになると大変問題になるからです。

つまり、貸付金が回収不能になるリスクがどのくらいになるのかについて非常に精緻（せいち）に検証しているのが、銀行をはじめとした金融機関なのです。

◆リスクとリターンの関係を把握する具体的な方法とは？

メガバンクの融資査定法は、「リスクとリターンの関係を把握する」ということですが、具体的にどうするかについて説明します。

具体的には次の2つのポイントを分析していきます。

①返済能力
②資産と負債のバランス

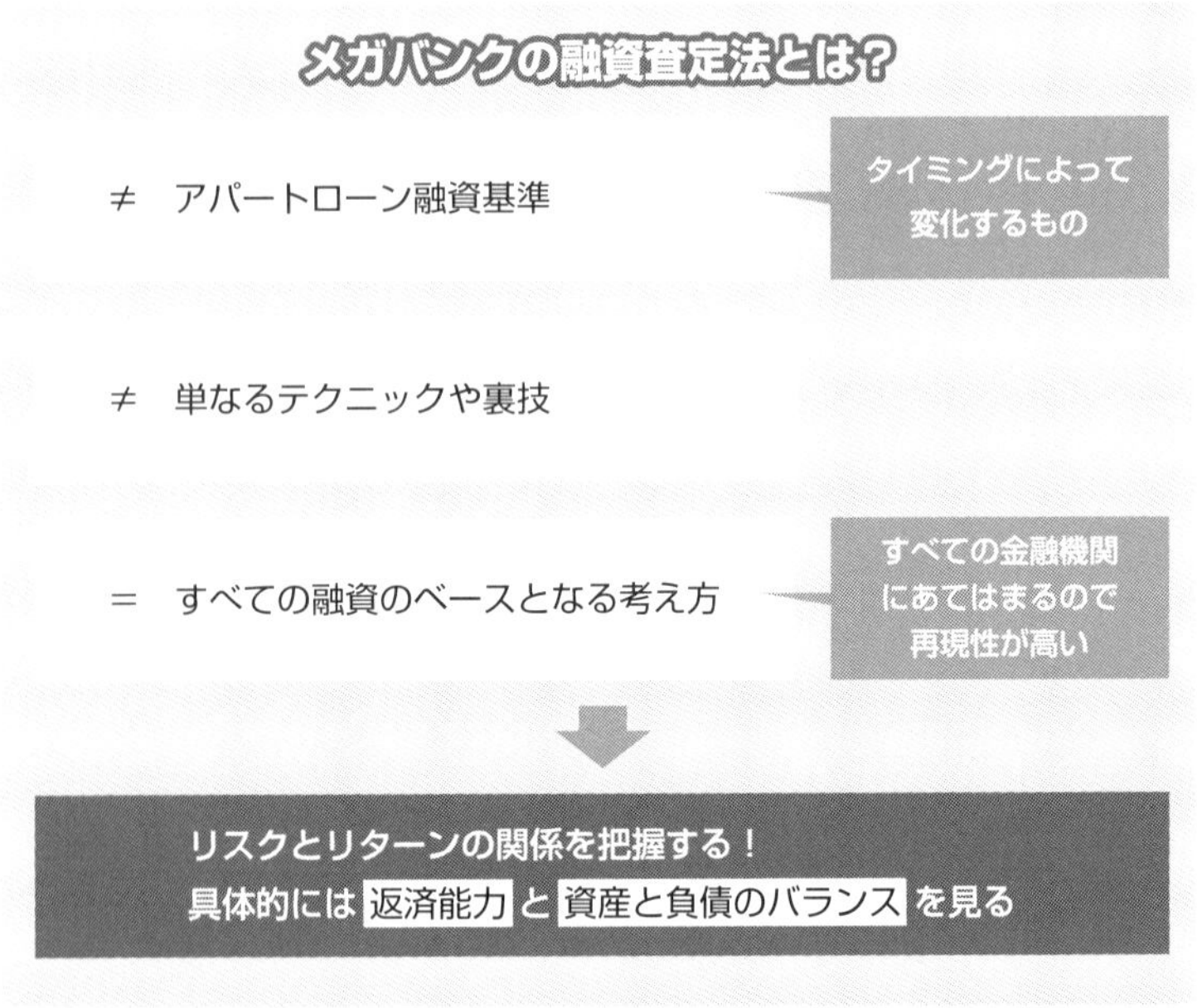
メガバンクの融資査定法とは？
≠ アパートローン融資基準
タイミングによって変化するもの
≠ 単なるテクニックや裏技
＝ すべての融資のベースとなる考え方
すべての金融機関にあてはまるので再現性が高い
リスクとリターンの関係を把握する！
具体的には 返済能力 と 資産と負債のバランス を見る

この「返済能力」と「資産と負債のバランス」をあわせて、借主の「属性」といったりします。

金融機関は、個人はもちろんのこと、事業会社などの法人へも融資をしています。特に法人の場合には、財務諸表、すなわち損益計算書、貸借対照表の両方を分析することによって、融資をするかどうかの審査を行っています。

このとき、「返済能力」については損益計算書を分析し、「資産と負債のバランス」については財務諸表を分析します。

とくに収益不動産の場合には、担保となる不動産がありますが、その不動産自体が「キャッシュ・フローを生む」という特徴があるため、その特徴をふまえて財務分析を行います。

◆収益物件の融資の2つのポイントとは？

収益物件に融資する際のポイントは2つあります。それは、「返済能力」と「資産と負債のバランス」です。

「返済能力」「資産と負債のバランス」のいずれのポイントも、更に2つの見るべきポイントがあります。ひとつは「借主」、もうひとつが「物件」です。

収益不動産の場合は、その不動産自体がキャッシュ・フローを生むところが特徴ですが、その時にこの「借主」と「物件」の2つのポイントが重要になってきます。

すなわち、「返済能力」と「資産と負債のバランス」は、通常は借り入れをする主体、つまり借主について検討します。つまり、借主の「返済能力」と「資産と負債のバランス」を分析するのが一般的です。

先ほど説明した損益計算書、貸借対照表も、基本的に借主となる法人の「返済能力」と「資産と負債のバランス」をみるために分析します。

当然、収益物件の融資においても、借主の、「返済能力」と「資産と負債のバランス」が重要な要素ですが、それと同時に、物件の「返済能力」と「資産と負債のバランス」を同様に分析するのが特徴です。

ここが重要ですので、もう一度いいます。

つまり、物件自体の「返済能力」と「資産と負債のバランス」があります。**物件の「返済能力」と「資産と負債のバランス」ついて、詳細に分析する**というのが、収益物件の融資において特徴となっているということなのです。

◆収益物件の場合には、なぜ、借主の属性を検討しなくても融資できるのか？

一般的には借主の「返済能力」と「資産と負債のバランス」を見るのが通常の融資であるといいました。

しかし、収益物件の場合には、借主の属性をまったく考慮しない「ノンリコースローン」というローンの形態があります。

私はメガバンクで融資担当者をしていましたが、ノンリコースローンを扱う専門部署に在籍していました。

ノンリコースローンをご存知ない方がほとんど思いますので、説明します。「ノンリコースローン」とは「リコースローン」の反対の意味の言葉です。

リコースローンとは「借主に借入金の返済を訴求することができるローン」ということです。当然、借金というのは借りた人が返すというのが大原則です。貸した方は借りた人に対して、「貸したお金を返してくれ！」と言えるのは当然の権利です。

したがって、一般的にはリコースローンというのは「通常の借入」ということができます。

リコースローンは、その貸したお金の回収を確実にするために、例えば「担保」をとって、もし返済が滞った場合に処分できるようにしておく方法や、「保証人」といって、借主に代わる資力のある第三者を保証人に立てることによって、借主がもし返済できない場合には、その保証人に対して「借金を返してくれ」と言えるような仕組みにしておきます。

このような一般的な借り入れである「リコースローン」に対して、借主の属性を全く考慮しないローンが、リコースローンの反対という意味で「ノンリコースローン」といいます。

つまり、借主に「貸した金を返してくれ！」と言わないローンが、ノンリコースローンなのです。

◆ノンリコースローンが貸付金を回収する仕組みとは？

もし、ノンリコースローンを借りている借主が借金を返せないという場合に、どうやって貸付金を回収するのでしょうか？

ノンリコースローンの場合には担保としてとった不動産だけを返済原資として見るので、借主が返済不能になった場合には、担保物件を処分することによってのみ貸付金を回収します。その時、もし物件を処分しても借入金が全額返ってこないという場合であっても、借主に不足分を返せと言えません。

ノンリコースローンは、お金を貸す側としては、貸したお金を回収する方法が担保物件以外にないので、非常にリスクが高いローンといえます。

したがって、当然、担保となる不動産については詳細に分析することになります。

私はこのノンリコースローンだけを扱う専門部署に在籍して、物件の「返済能力」と「資産と負債のバランス」を徹底的に調べて、主に不動産会社、不動産のファンド会社に融資を行ってきました。

当然、大規模なオフィスビルや商業施設、物流倉庫等を詳細に分析してきたので、ノンリコースローンに関しては、非常に専門的な知識を持っています。

したがって、この章で紹介する「メガバンクの融資査定法」は、このノンリコースローンの考え方を「指値の交渉」に応用した方法なのです。

メガバンクがノンリコースローンの融資の際に行う分析は、本来は複雑な計算をしています。

しかし、本書ではエッセンスだけを抽出して、初心者の方にでもわかりやすく、かつ明日からでもすぐに実践が可能というところまで抽象化、単純化して紹介しますので、ご安心ください。

◆収益物件の返済能力とは？

収益物件の2つのポイントをもう少し詳しく解説していきたいと思います。まずは収益物件の1つ目のポイントである返済能力について解説します。

【ポイント①　収益物件の返済能力】

「収益物件の返済能力」とは何でしょうか？

収益物件の特徴として、その物件から賃料収入を原資としたキャッシュ・フローがあげられます。したがって、そのキャッシュ・フローが多ければ多いほど借入金を返すのが楽になります。

金融機関の立場からすると、借金を返してもらえる可能性が高まるということになるので、キャッシュ・フローをたくさん生み出す物件であればあるほど返済能力が高いということになります。

当然、返済能力が高いと毎月の返済金を、回収できる確率が高まるので、返済が滞るというリスクが低いという話になります。

したがって「収益物件の返済能力が高いかどうか」というのを金融機関は非常に重要視して、キャッシュ・フローを分析しているのです。

◆収益物件の資産と負債のバランスとは？

もう一点のポイントは、物件の「資産と負債のバランス」です。

【ポイント②　物件の資産と負債のバランス】

これは物件の資産価値、いわゆる市場価値とその物件を担保とした借入残高のバランスがとれているか否かを検証します。

物件の資産価値は、「物件をすぐに処分した場合に、どれだけの価格で売れるか」を基準にするため、希少価値である積算価値になります。

積算価値が高ければ高いほど、もし返済が滞って物件を処分しなければいけない場合、借入金を回収できる可能性が高まってきます。

つぎに、もう一方の負債ですが、これは現在の借入残高ということになり、融資金額に関係してきます。

借入金が滞ってしまうと最悪、貸したお金が全額回収できないか可能性が高まってくるので、負債が大きければ大きいほどリスクが高くなり、負債が小さければ小さいほど、全体の貸し倒れのリスクは低くなります。

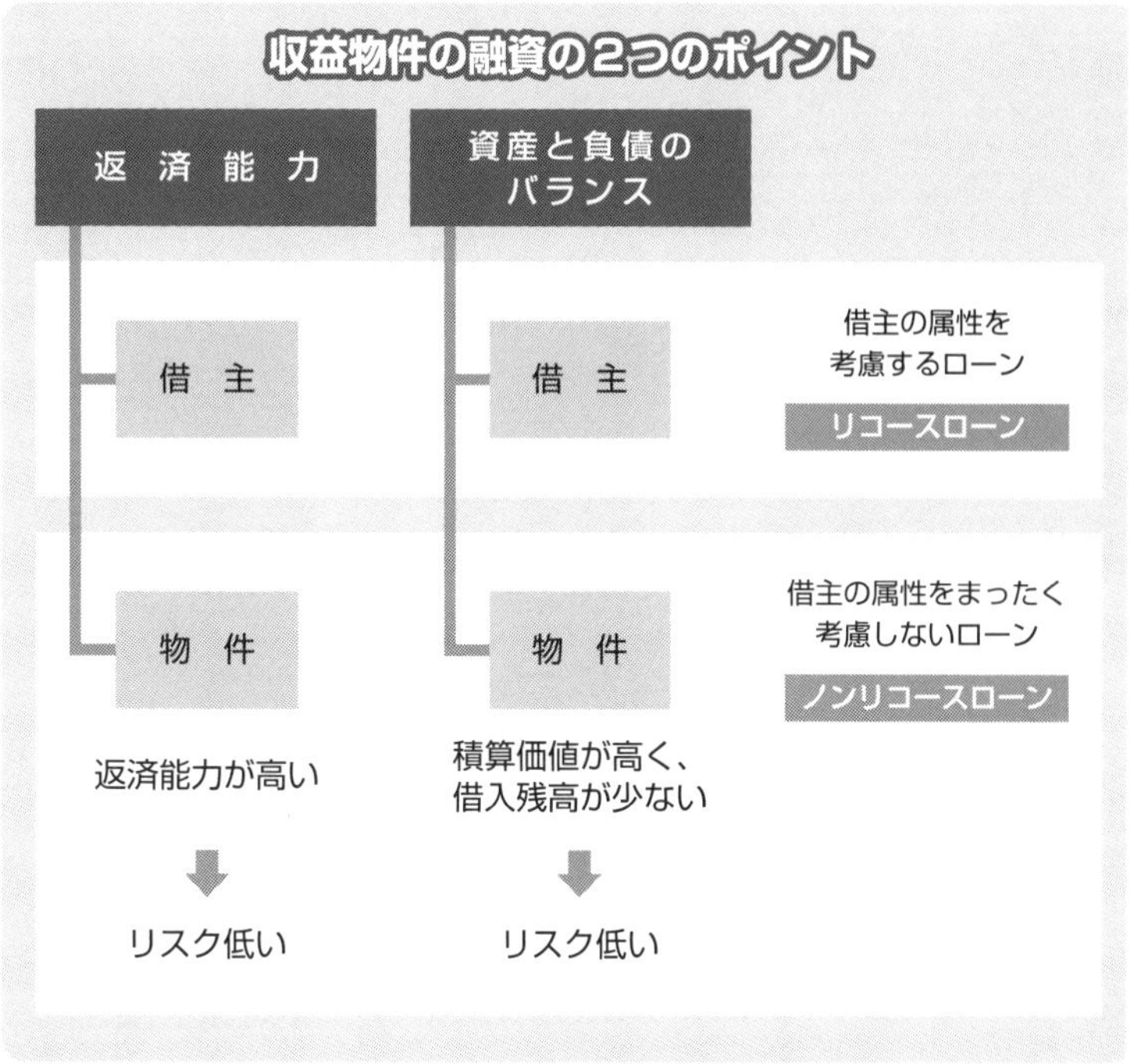

「積算価値に対する借入残高の割合」を「借入比率」といいます。別な言い方では「Loan to Value（ローン・トゥ・ヴァリュー）」を略して「LTV」といいます。LTVが低ければ低いほど、貸し倒れリスクが低くなります。

したがって、金融機関は「返済能力」を判定する際には、毎月の借り入れ返済が滞りなく出来るかどうかという観点からリスク分析を行います。

もう一方の「資産と負債のバランス」は、返済が滞ったときの緊急事態に、担保とした物件をすぐ処分しなければいけない場合に、どれだけ借入金が回収できるかどうかという可能性（リスク）を分析します。

つまり、資産価値（積算価値）と負債（借入残高）のバランスを分析することによって、リスク分析をしています。

したがって、2つのポイントが重要になってくるのです。

「返済能力」については、収益価格の求め方の基本となる考え方なので、後ほど詳細に解説します。

◆担保価値の求め方とは?

「資産と負債のバランス」という観点から担保価値の求め方について、もう少し解説を進めます。

担保価値については、第2章の「価格判定ノウハウで積算価値を計算する」で解説をしましたが、もう少し詳しく説明します。

まず「担保価値」とは何かについて説明します。

担保価値は金融機関にとって、融資金額の根拠となるものです。

金融機関は借主に対していくら貸し出すのかを審査で決めます。そして、審査の際に、融資金額の基準としているのが、担保となる不動産の「担保価値」です。

担保価値は、積算価値を基準にして計算します。具体的には「積算価値に掛け目をかける」

ことによって、担保価値を算定しています。

担保価値 ＝ 積算価値 × 掛け目

◆担保価値の特徴とは？

そして担保価値には次のような特徴があります。

担保価値は、融資金額とイコールか、もしくは大きくなります。

逆の言い方をすると融資金額というのは担保価値と同じか、それより小さい金額になります。

担保価値 ≧ 融資金額

これは、どういうことかというと、金融機関は貸したお金が回収できるかという点でリスクの分析を行います。

したがって、「できるだけ保守的に考える」というのが金融機関の大原則となる考え方です。

そのため、最終的にいくら貸すかという融資金額は、担保価値を上回るのは原則ありません。

最大で担保価値と同じ金額までが上限となります。

ただし、担保価値と同額の融資金額はよほど融資状況がいいときにしかありません。通常は

担保価値の求め方
担保価値とは、融資金額の根拠となるもの
担保価値 ＝ 積算価値 × 掛け目 ≧ 融資金額
市況が悪いとき
市況がいい時
50％ ＜ 掛け目 ＜ 100％

担保価値よりも融資金額が低くなります。

また、同じような保守的な見方からいうと、担保価値は、一般的な市場価値である積算価値よりも、「掛け目」という調整率を掛けて求められるため、積算価値よりも低くなります。

したがって、担保価値と積算価値と融資金額の関係を式で表すと次ように表せます。

担保価値＝積算価値×掛け目≧融資金額

積算価値≧担保価値≧融資金額

この掛け目ですが、こちらも不動産の市況、金融の情勢、銀行の貸し出し状況に応じてタイミングによって変化していくものです。

市況がいいときには、この掛け目は高くなり最大で１００パーセントまで上昇します。逆に不動産の市況、その他の市況は悪いときはこの掛け目が低くなり、50パーセントまで低下することもあり得ます。

◆金融機関がフルローンやオーバーローンを出す2つの理由とは？

ここまで説明したところで、もうひとつ突っ込んだお話をしたいと思います。

一時期、金融機関がフルローンやオーバーローンをバンバン出していた時期がありました。なぜその当時に金融機関がフルローンやオーバーローンを出すことが出来たのかというロジックについて、解説します。

フルローンやオーバーローンが出るかについては担保価値の求め方に関係しています。

フルローンとは、物件価格全額を借入金でまかなえるようなローンのことです。

つまり、物件価格と融資金額がイコールであるといえます。

【フルローン　融資金額 ＝ 物件価格】

オーバーローンとは、物件価格よりも融資金額が上回り、諸費用分も含めて借入金でまかなうようなローンのことをいいます。

つまり、物件価格よりも融資金額が大きくなるといえます。

【オーバーローン　融資金額∨物件価格】

これらフルローンやオーバーローンを金融機関が出せた理由は2つあります。

まずひとつ目の理由は、担保価値が物件価格よりも上回るからです。

担保価値の求め方には、積算価格を求める「原価法」や収益価格を求める「収益還元法」のように色々あるのですが、フルローンが出ていた当時は積算価格のみならず、収益価格を重視する金融機関が多数あったのです。

収益価格について、後ほど詳細にお話しますが、その査定においては「還元利回り」という利回りを使います。この還元利回りの見方によって、積算価格よりも大幅に高い価値を出すことが可能になったのです。

収益還元法による収益価格を採用すると、物件価格よりも高い価値が出る場合が多かったので、融資金額も結果としてフルローンになるというのが背景です。

収益価格×掛け目＝担保価値＝融資金額≧物件価格

（収益価格∨積算価格）

もうひとつの理由は、融資金額自体を高く見ることができたからです。

通常であれば70パーセント程度の掛け目を100パーセント近くまで調整することによって、積算価値と担保価値がほぼイコールになるような状況があったのです。

すなわち、掛け目を100パーセントに見るということによって、積算価値が担保価値と同じという状態になったため、担保価値を基準とする融資金額が高額になり、結果としてフルローンが出たということです。

積算価値 × 掛け目100パーセント = 担保価値 = 融資金額 ≧ 物件価格

したがって、担保価値を下回るような物件価格であれば、ほぼフルローンは出ていました。

こういたった状況はリーマンショック前くらいまでは続いたのです。

◆最近フルローンが出にくい理由とは?

最近の金融機関の状況でいうと、なかなかフルローンが出ないという状況です。

これも同じ考え方によって、なぜフルローンが出にくくなったのかということを説明できます。

フルローンが出ていた時期は収益価格を重視する金融機関があって、それによって「担保価値自体を高く見ることができた」と説明しましたが、現在はあまり収益価格を重視しなくなってきました。

逆に積算価値を重視するようになりました。

もうひとつ、掛け目を現在はかなり低めに見ています。通常であれば70パーセントくらいが一般的なのですが、60パーセントで見ている金融機関も出てきており、融資金額自体が出にくいという状況です。

02 元メガバンク融資担当が教える収益価値の求め方とは?

◆収益価格の求め方とは?

「収益価値の求め方」を説明する前に、一般的な「収益価格の求め方」を簡単に説明します。

一般的な「収益価格」は、「収益価値」とは別の考え方で求めます。

「収益価値」と「収益価格」の違いについては、初心者の方や不動産投資をはじめたばかりの方には解りにくい点ですので、丁寧に解説します。

一般的な収益価格は、以下のような式で求めます。

収益価格 ＝ 純収益（ＮＯＩ）÷ 還元利回り

収益価格というのは、不動産の賃料収入から求められる「純収益（ＮＯＩ）」を「還元利回り」で割り戻すことによって算定します。

ここで「ＮＯＩ」という聞き慣れない言葉がありますが、これは「Net Operating Income（ネット・オペレーティング・インカム）」という英語の略です。

ＮＯＩの意味を一言でいうと、「空室を考慮した賃料収入から、想定支出を控除した不動産本来の純収益」です。

つまり、日常の賃貸経営を行なって得られる収益物件の本来の純収益です。その純収益を、収益価格求める利回りである「還元利回り」で還元することにより不動産の収益価格を求めるのです。

◆還元利回りの査定方法とは？

ここで「還元利回り」という利回りが出てきますが、実はこの「還元利回りの査定」というのは、なかなか難しいという問題があります。

どういうことかというと、還元利回りというものは、土地の相場のような「市場」がなかなか存在しないからです。

不動産仲介会社に収益物件の還元利回りをヒアリングしても「わからない」という答えしか返ってきません。

さらに実際に自分で調べる方法もなかなかないというのが現状です。

例えば、具体的な還元利回りを求める方法としては、対象物件と同じような収益物件を見つけてきて、その物件の純収益を査定して実際の売買価格を調べれば、そこから取引還元利回りというものが求めることが可能です。

ただし、これを不動産会社でなく、一般の個人が行うというのは、なかなか難しいのです。

なぜならば、まず収益物件の売買価格を調べてなければなりませんし、実際にその物件のテナントや賃料状況などを正しく把握する必要があります。

加えて運営コストがどのくらいかかるのかについても調べなければならないのです。

不動産鑑定士であっても還元利回りを調べるのには時間が掛かるのです。

また、還元利回りの査定方法としては、不動産投資信託（Ｊ-ＲＥＩＴ）の還元利回りを参考にする方法があります。

少し規模の大きい、中規模くらいのオフィスビルとか、ある程度の大きい賃貸マンションだと、不動産投資信託（J-REIT）の保有物件になっています。

J-REITの保有物件であれば、「目論見書」という資料を見ると、細かく賃貸契約の状況、賃料収入の状況、鑑定評価書の還元利回りも載っています。

それらの資料を参考にすることによって還元利回りを査定できます。

ただし、J-REITが保有するような物件は、規模がかなり大きいので、自分が購入するような物件と似ている物件はあまり多くないのと、エリアも都心に集中しているため、地方物件だと参考にできない場合が多いのが現状です。

◆収益価格を求めるのが難しいもう一つの理由とは?

収益価格を求めることが難しいもう一つの理由として、還元利回りが少し変わっただけで大きく収益価格が変わることがあげられます。

例えばNOIが100万円の物件があったとします。

その物件の還元利回りが10パーセントだとすると100万円÷10パーセントで、収益価格は1000万円になります。

収益価格の求め方

一般的な収益価格の求め方

収益価格 ＝ NOI ÷ 還元利回り

NOIとは？ 空室を考慮した賃料収入から想定支出を控除した不動産本来の純収益

但し、この方法は還元利回りの査定が難しい…

還元利回りが１％変わるだけで収益価格は大きく変わる

NOI		還元利回り		収益価格
100万円	÷	10％	＝	1,000万円
100万円	÷	9％	≒	1,111万円
100万円	÷	8％	＝	1,250万円

この時に１パーセント還元利回りが下がり９パーセントになった場合、収益価格はいくらになるでしょうか？

１００万円÷９パーセントですので、収益価格は１１１１万円になります。なんと、還元利回りが１パーセント変わるだけで収益価格が１割以上も高くなるのです。

更に還元利回りが８パーセントに低下した場合は、収益価格が１２５０万円で２割以上も変わります。

還元利回りの査定に当たっては、コンマ単位のパーセンテージを査定しないと、大きく収益価格が大きく変わってしまうのです。

したがって、還元利回りを一般の投資家が自分で調べて査定するのは難しいのです。

そこで、本書は一般的な収益価格の求め方ではない、**「収益価値の求め方」**をご紹介します。

収益価値の求め方では、査定するのが難しい還元利回りは全く使いません。使うのは、スマートフォンだけです。そのため、不動産投資の初心者の方でも簡単に計算することができる方法ですので、安心してください。

◆元メガバンク融資担当が教える収益価値の考え方とは？

収益価値は、先ほど紹介した「収益価格」とは違うアプローチで求めます。

収益物件を購入する際に、「金融機関の借り入れを前提とする場合が多い」といいました。収益価値の査定方法は、金融機関の考え方を活用して、収益物件の融資のポイントのうち、特に収益物件の返済能力に着目して、キャッシュ・フローの分析を精緻《せいち》に行うことによって、収益価値を求めるという方法です。

収益価値を求める方法ですが、具体的には以下の3つのステップに渡って求めていきます。

【ステップ①】
キャッシュ・フローの分析を行うことによってＮＯＩを求める

収益価値の求め方

1	キャッシュフローの分析を行うとこによって NOI を求める
2	求められたNOI をベースとして 金利耐性テストをする
3	金利耐性テストでもまわる収益価値を求める

【ステップ②】

求められたNOIをベースとして金利耐性テストを行う

【ステップ③】

金利耐性テストでも回る収益価値を求める

各ステップとも聞きなれない言葉がいくつも出てきますので、このあと、用語の解説を含めて丁寧に説明します。

03 【ステップ①】キャッシュ・フローの分析を行うことによってNOIを求める

◆NOIの求め方とは？

収益価値を求めるにあたって、まず物件のNOIを求めることが必要になってきます。このセクションは収益価格と同じように、物件の本来が持っている収益力である純収益はどのくらいになるのかを中心に見ていきます。

NOIの判定はキャッシュ・フローの第一段階になりますが、「キャッシュ・フロー分析」というと、細かく収入や支出の項目を分析していく方法が一般的です。

不動産鑑定士は収益価格を求めるにあたっては、詳細なキャッシュ・フロー分析を行ってNOIを求めますが、今回はそのような作業は行いません。

その理由は、今回紹介するNOIの求め方は、あくまでも不動産の価格交渉に必要な、とくに指値の金額を求めるにあたって、必要な収益価値を求めることがその目的だからです。とにかく大掴みに収益価値を求めるのが重要だからです。

詳細な分析をして精緻（せいち）な結果を求めることも重要ですが、不動産投資の初心者にはそれを最初からやるのは難しいので、ここでは簡略化した形で紹介します。

◆ＮＯＩの具体的な計算方法とは？

では具体的なＮＯＩの計算方法を解説します。

まず、ＮＯＩの考え方を説明します。ＮＯＩは空室率を考慮した賃料収入から、想定支出を控除した不動産本来の純収益であることはすでに説明しました。

ＮＯＩは、「空室を考慮した賃料収入」（これを「想定収入」といいます）から「想定支出」を控除することによって求めることが出来ます。

それを式で表すと、

ＮＯＩ ＝ 想定収入 − 想定支出

となります。

◆想定収入とは何か？

では次に「想定収入」について説明します。「想定収入」は、満室を想定した場合の賃料収入である「満室想定賃料収入」に「稼働率」を掛けることによって求めることができます。

これを式で表すと、

想定収入 ＝ 満室想定賃料収入 × 稼働率（80％）

となります。

「満室想定賃料収入」は、年間の満室を想定した場合のすべての賃料収入の合計額です。その中に含まれるものは、貸室の賃料収入や共益費、水道光熱費等の実費のほか、駐車場があれば駐車場収入、自販機があればその他収入、諸々の収入が含まれます。

「稼働率」は、年間の物件の稼働率のことで、計算に当たっては、一律な割合で80パーセントを用います。

ここで注意点ですが、稼働率80パーセントは、実際の稼働状況にかかわらずこの数字を用います。つまり、稼働率が実際は95パーセントの物件でも80パーセントで見るということです。稼働率80パーセントは、逆の言い方をすると空室率が20パーセントという物件になるわけです。

◆金融機関が稼働率を80パーセントに見積もる理由とは？

そうすると、「なぜ稼働率は80パーセントなのか？」と疑問に思う方もいるでしょう。

本書での目標は、「都心の優良な物件を指値することによって、割安に取得する」ということです。

したがって、指値をする物件は、主に都心の比較的稼動のいいエリアを想定しています。具体的には、周辺エリアの稼働率は概ね85〜90パーセントで、80パーセント以上稼動している物件が多いというエリアがターゲットになります。

このようなエリアの物件の稼働率を80パーセントで見る理由としては、金融機関がより保守的に数字を分析するからです。

だから仮に高稼働であったとしても、稼働率としては8割と見ることによって、より保守的に見ているという考え方です。

それでは、なぜ金融機関は稼働率を保守的に80パーセントと見積もるのでしょうか?

それは、稼働率の中に「将来の稼働率の低下」を織り込んでいるからです。

現在は高稼働であったとしても、融資期間は、20〜30年という長い期間に及ぶ場合もあるため、長期間にわたって稼働率を維持できるか否かを金融機関は見ているからです。当然、築年数が経過していけば、稼働率が低下していくことは容易に想像できます。

保守的に稼働率を見積もるもうひとつの理由は、「将来の賃料の下落のリスク」を盛り込んでいるからです。

例えば、稼働率が長期間にわたって90パーセントを超えて維持している物件でも、賃料自体は下がっている可能性があるからです。すると結果として、賃料収入の総額としては減っていることになるため、保守的に見積もるために、賃料の下落リスクを稼働率のところに盛り込んで見積もっているのです。

◆想定支出の求め方とは？

次に「想定支出」を解説します。「想定支出」とは不動産の賃貸運営にあたって必要となる経費のことをいい、具体的には賃料収入に経費率を掛けることによって計算します。

それを式で表すと、

想定支出 ＝ 想定収入 × 経費率（20％）

という式で成り立ちます。

この経費率の割合は一律に20パーセントで見ています。

ここでの注意点は、想定支出は「想定収入×経費率」で求められている点です。

想定支出の計算方法には実は様々な方法があります。他の計算方法としては、「満室想定賃料収入」に経費率を掛けるという方法もあります。

しかし、本書では「満室想定賃料収入」ではなく、空室率を想定した考慮した「想定収入」

に経費率を掛けるという方法を採用していますので、ご注意ください。

◆金融機関が経費率を保守的に見積もる理由とは？

経費率を20パーセントという割合で見積もっていますが、この割合は一般的な経費率より高めの数字です。

通常ですと実際の経費率10～15パーセントの割合が多いのですが、それよりも金融機関は保守的に経費率を見積もっています。

金融機関が経費率を保守的に見積もっている理由としては、「経費率の中に、大規模修繕費用を盛り込んでいる」からです。

「大規模修繕費用」とは物件を運営していく上で、毎年発生する通常の維持管理費用の他に、築年数が経過することによって、建物自体の修繕、それも大がかりな外壁の修繕や屋上の防水工事、エレベーターの取替費用といった数百万円単位でかかってくる大規模な支出のことをいいます。

大規模修繕費用は、通常は運営経費に入れずに、「大規模修繕費用」という別立ての修繕計画の費用項目の一部として見ていきます。

これを実際の単年度のＮＯＩのところで費用計上すると、その年度だけで数百万円という費用が発生するので、その期のキャッシュ・フローがマイナスになることも十分にありえます。

そういった年度間のキャッシュ・フローの格差を無くすために、金融機関は大規模修繕費用を経費率に織り込んで見積もっているのです。

そして、大規模修繕費用を織り込んだ数字が、通常の経費率よりも保守的に見積もった20パーセントという数字なのです。

◆NOIを計算するにあたって注意すべき2つのポイントとは？

ここまでNOIの求め方について解説してきましたが、NOIを計算するにあたって、2つのポイントがあります。

これまでの説明の前提として、NOIの求める物件は、都心の比較的立地のいい場所にある物件を基準としているということで、保守的な数字である稼働率80パーセント、経費率20パーセントという割合を一律に見積もっています。

どんな物件でも同じ稼働率や経費率を使う理由は、「計算を単純化して解りやすくする」ためです。

したがって、どんな物件でも必ずこの数字でなければならないというわけではありません。

稼働率の低い物件や過大な経費がかかる物件のなどは、場合によっては、この数字を「変えていく」ことも必要になってきます。

本書では、地方物件に指値をして、割安に買うということはあまり想定していないのですが、例えば、地方物件の場合は、非常に稼働率が低い物件が見受けられます。稼働率が3～5割という物件もあります。

そういった稼働率が80パーセント以下の物件の場合は、稼働率80パーセントを見積もると、過大に稼働率を見積もっているという考え方があります。

したがって、その際はもう少し詳細に周辺エリアの稼働率について市場調査を行うことが必要になります。

具体的には、周辺のエリアの稼働率がどの程度の割合なのか、つまり80パーセントよりも下回っているエリアなのか否かを調べる必要があります。

もし周辺のエリアの稼働率が80パーセントを下回るエリアなら、当然この稼働率というのはもっと低く見積もらないといけないということになります。

稼働率を見積もる際の目安としては、周辺エリアの平均稼働率から、さらに5パーセントくらい下を見積もったくらいが、長期的な稼働率の低下や賃料の下落リスクを織り込んだ稼働率になります。


もうひとつの注意点が「満室想定賃料収入」です。そもそも現在の建物の賃料収入が周辺エリアの賃料水準と比べて、高い水準にあると、当然、稼働率も低くなる傾向があります。現在の満室想定賃料収入が周辺のエリアの市場賃料と乖離がないかを調査することが必要になります。

現在の賃料収入でみると、周辺エリアの市場賃料と比べて高いために稼働率が60パーセントにとどまっていて、周辺のエリアの市場賃料で見積もると稼働率が80パーセントになるというのであれば、現在の賃料でなく市場賃料で見積もることが必要になります。

このように、稼働率が低い物件や過大な経費がかかる物件については、個別的に稼働率や経費率を求めることも必要になります。

◆たった3分で計算できるNOIの計算方法とは？

これまで、NOIの求め方について、細かく解説してきましたが、実際に最初の物件検討段階の「収益価値」の算定にあたっては、このような細かい計算は行わずに、次のような「速算式」を用いて求めます。

この方法を使えば、3分もかからず物件のNOIを求められるので、是非活用してください。

NOIの速算式は、次の式で表すことができます。

NOI＝満室想定賃料収入×0・64

この「0・64」という数字が満室想定賃料収入からNOIを求める係数になります。「0・64」の数字の根拠ですが、想定収入を求める際の稼働率が80パーセントなので0・8という係

ステップ1　NOIを求める

NOIの求め方

想定収入　＝　賃料収入　×　稼働率80％

－　想定支出　＝　想定収入　×　経費率20％

NOI（Net Operating Income）

NOIの速算式

NOI　＝　満室想定賃料収入　×　0.64

数になります。次に経費率が20パーセントなので、経費率の係数は0・2になります。

これを計算すると、

ＮＯＩ＝想定収入－想定支出

＝（満室想定賃料収入×稼働率）－（想定収入×経費率）

＝（満室想定賃料収入×0・8）－（満室想定賃料収入×0・8×0・2）

＝満室想定賃料収入×0・8×（1－0・2）

＝満室想定賃料収入×0・64

という係数が出ます。

このようにしてＮＯＩを求めるまでが、第1ステップになります。

04 【ステップ②】求められたNOIをベースとして金利耐性テストを行う

次にステップ②の「求められたNOIをベースとして金利耐性テストを行う」について解説します。

◆金利耐性テストとは何か？

まず、「金利耐性テスト」とは何かについて説明します。言葉だけ聞くと馴染みがないと思いますが、これは不動産のキャッシュ・フロー分析の中のひとつの方法です。

キャッシュ・フロー分析の内容を大まかに分類すると、不動産の現状の賃料収入から求められたNOIを分析して現在の収益性がどのくらいかという「現状分析」と、現状のNOIに様々なシナリオを想定して、キャッシュ・フローの変化を分析する「ストレステスト分析」に分けられます。

「ストレステスト」というのは、現状のNOIの状況からさらに厳しい条件を想定した場合に、どの程度のキャッシュ・フローが維持できるのかを分析するためのテストのことです。

ストレステストには、様々なシナリオがあり、「売却時の不動産の価格が下落した場合」であるとか、「現在の物件の稼働率が低下していった場合」などのリスク要因を想定したシナリオがあります。その中でも特に金融機関が重視するシナリオが「金利が上昇した場合」のシナリオです。その金利上昇リスクを分析するテストが「金利耐性テスト」です。

◆金利耐性テストの上限金利が6%の理由とは？

金利耐性テストはどんなものかを一言でいうと、「金利が6パーセントまで上昇した場合のキャッシュ・フローを分析する」ことです。

金利が6％の上限値まで上昇した場合に「現在のキャッシュ・フローが維持できるかを分析するのです。

金利耐性テストでは、金利の上限値を6パーセントという水準に置いていますが、この理由について説明します。

当然、上限金利の6パーセントというのはあくまでも目安値です。実際の各金融機関の上限金利は金融機関ごとに異なります。ここであえて、本書で上限金利を6パーセントとしている理由は、各金融機関の上限金利の「最大値」を採用しているからです。

したがって、借入を予定している金融機関がすでに決まっていて、その金融機関の上限金利がわかっているのであれば、その金利を使って計算したほうがより実践的です。

しかし、予定している金融機関があるわけでもなく、おおまかに収益価値を求めたいのであれば、まずは保守的に見た「6パーセント」という基準を使って計算することをお薦めします。

この6パーセントという金利水準は、バブル期の貸出金利の上限値です。昨今の経済状況からすると、バブル期のような経済状況を想定しにくい状況なので、保守的な数値として6パーセントの金利水準を採用しています。

◆金利耐性テストの具体的な分析方法とは？

次に金利耐性テストの具体的な分析方法について説明します。

金利6パーセント時のローン返済額を求め、これをNOIから控除することによって、キャッシュ・フローが維持できるかテストします。これを式で表すと次のようになります。


NOI－金利6パーセントのローン返済額≧0

つまり、「NOI－金利6パーセントのローン返済額」を計算して、これが0以上になれば、次の収益価値を求めるステップに進むという流れになるわけです。

これはどういうことかというと、NOIというのは、収益不動産を通常に賃貸運営した場合の不動産本来の純収益なので、純収益から毎月のローン返済額を引いて、プラスになっていなければローンの返済が滞ってしまうからです。

純収益からローン返済額を引いたらマイナスになるような物件には、基本的に金融機関は貸し出しを行いません。

当然、NOIを求めるときには保守的な数値を使っています。

しかし、不測の事態が発生してNOIが急激に低下することを想定した場合に、程度の差こそあれ、将来的にはNOIが減っていく可能性が高いため、ローンの返済が滞る可能性がある物件には、基本的に金融機関は融資しないのです。

これを簡単に式で表すと、

NOI－金利6パーセントのローン返済額＜0

となります。

このような物件は金融機関は融資しないので、検討対象から外していいということになります。このことを投資家の目線から考えるとどうなるのでしょうか?

このような物件は概して売値が高すぎるということになります。

つまり、金利耐性テストの結果、収益性が低いとなれば、元々の売値が高すぎるというのが投資家の立場からの見方になるわけです。

◆現金買いであっても金利耐性テストが重要な理由とは?

ステップ2　金利耐性テストをする

金利耐性テストとは？

金利が6%まで上昇した場合のキャッシュ・フローを分析すること

NOI　－　金利6%ローン返済額　≧　0

➡ 次のステップへ

NOI　－　金利6%ローン返済額　＜　0

➡ 検討対象からはずす（売値が高すぎる）

もちろん借り入れをしないで現金で買うこともあるでしょうが、そのような場合であったとしても、必ずこの金利耐性テストのチェックは重要になってきます。

その理由としては、バブル期のころに取得した物件というのは、売値が高すぎるために「ローンが返済できなくなった」という事例が多いからです。

単純にキャピタル・ゲインだけを狙った物件の買い方だけではなく、こういったキャッシュ・フローを踏まえて、物件の購入を検討することは、借入をしないで、現金で買う場合であっても重要なのです。

つまり、売値が高すぎるか否かを購入する前に事前にチェックすることが、いつの時代においても、不動産投資では重要な考え方なのです。

◆金利耐性テストが3分で計算できるようになる秘密のアイテムとは？

金利耐性テストの具体的な計算方法ですが、「キャッシュ・フロー表」というものを作成することが一般的な方法です。

現在は、エクセルなど集計ソフトで、金融関数を活用すれば、キャッシュ・フロー表の作成やその分析は簡単にできます。

ただし、エクセルの金融関数を使ったこともない方も多くいらっしゃると思いますので、本書ではもっと簡単にできる方法を紹介します。

それは、「金融電卓」を使う方法です。「金融電卓」とは、金融関数が計算できる電卓のことです。ただし、一般に売っている金融電卓は安くても4～5千円するものが多いので、このためだけに金融電卓を買う必要はありません。

それでは、どうやって金融電卓を使うかというと、スマートフォンの「アプリ」を利用するのです。今回、紹介するのは「ローン計算機」という無料アプリケーションです。

URL：iPhone用 http://itunes.apple.com/jp/app/id395818268?mt=8

Android用 http://jp.androlib.com/android.application.luck-of-wise-loancalculator-qnjB.aspx

このソフトはiPhoneはじめ、アンドロイド系のスマートフォンに対応していますので、広

金利耐性テストの秘密兵器

どこでも計算できる
スマートフォン対応無料アプリ

「ローン計算機」

開発：Luck-Of-Wise.com

iPhone用

http://itunes.apple.com/jp/app/id395818268?mt=8

Android用

http://jp.androlib.com/android.application.luck-of-wise-loancalculator-qnjB.aspx

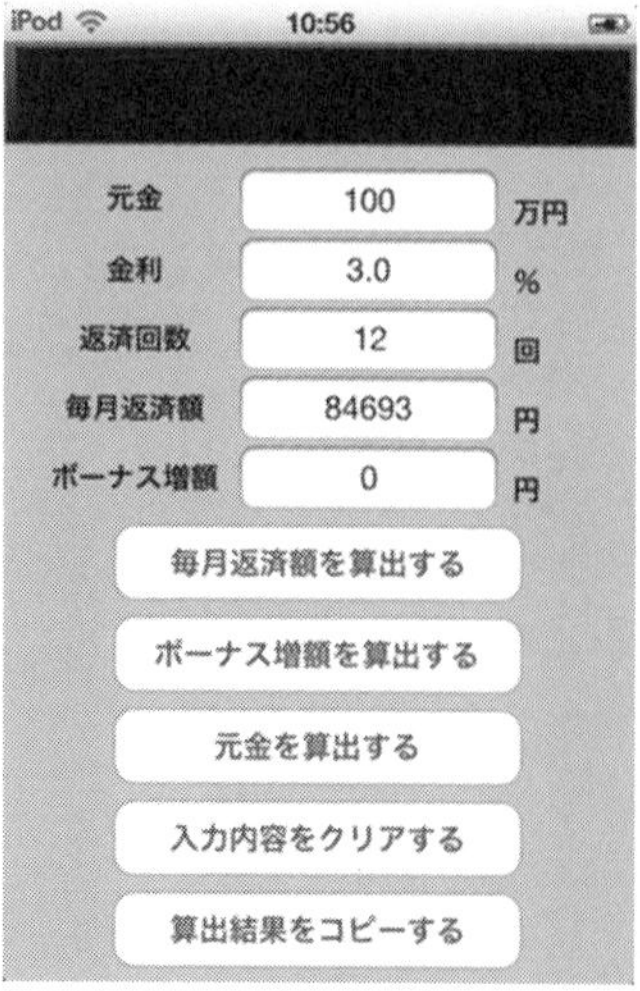

く使ってもらえます。

このソフトの優れた点は、通常の金融電卓の場合、借りたい金額（元金）から毎月の返済額やボーナス返済額がいくらになるかを計算する場合に使うのがほとんどですが、この『ローン計算機』は、逆の計算も簡単にできる点が特徴です。毎月の返済額や金利など入れると借入できる金額（元金）がいくらになるかが逆引きで計算できるのです。

そのため、収益価値を求める上で非常に使いやすいアプリケーションなのです。

またインターフェイスも、一画面ですべて完結するので、初めて金融電卓を使う人でも使いやすいので今回紹介しました。

05 【ステップ③】金利耐性テストでも回る収益価値を求める

◆収益価値を求めるための2つの前提条件とは？

このステップ③では、具体的な収益価値の求め方を紹介しますが、その前に収益価値の計算に当たっての2つの前提条件について説明します。

前提1：借入期間 ＝ 耐用年数 － 経過年数

前提のひとつ目は、借入期間を「耐用年数 － 経過年数」で計算するということです。これは第2章で説明した積算価値と同じ考え方を使います。

建物の耐用年数から経過年数を引くことによって、建物の残存年数が求められます。この残存年数と借入期間は同じ期間であるという前提を置きます。

金融機関によっては、融資期間が建物の残存年数よりも短くなる場合もあり得ますし、逆に建物の残存年数よりも長く見るという考え方もあります。

本書では単純化して「建物の残存年数と借入期間は同じ」という前提を置いて収益価値を計算することとします。

その根拠としては、基本的には建物が存続していれば、その建物から賃料収入を得ることができるからです。したがって、賃料収入がある間はローンの返済が可能であると考えます。

前提2：借入金額＝収益価値＝購入価格

もうひとつの前提は、「借入金額と求める収益価値が同じ」という考え方です。

借入金額＝収益価値

更にその収益価値が、実際の購入価格という前提です。

借入金額＝収益価値＝購入価格

これは、言い換えると、実際の物件購入にあたっては、ローンを100パーセント利用したフルローンを想定するということです。

物件評価額や借主の属性によって、ローン金額は当然変わってきます。

しかし、あえてフルローンを想定することによって、「フルローンを想定したとしてもキャッシュ・フローが回るかどうか」という観点で、保守的に金利耐性テストをするということなのです。

フルローンでも金利耐性テストがクリアするような物件であれば、それよりも借入金額を少なくする分には、より安全になるということなので、まずはフルローンを前提として金利耐性テストを行うということです。

◆金利耐性テストでも回る収益価値の計算方法とは？

金利耐性テストでも回る収益価値を計算する方法ですが、一言で言うと、

NOI＝金利6パーセントのローン返済額

となるような借入金額（元金）を求めるということです。

金利耐性テストで、キャッシュ・フローが回るかどうかを判定するために、

NOI－金利6パーセントのローン返済額

が0を上回るかどうかを基準としていましたが、この基準を使うのです。

ステップ3　金利耐性テストでもまわる収益価値を求める

金利耐性テストでもまわる収益価値の求め方

NOI　＝　金利6％ローン返済額

となる借入金額を求める

収益価値　＝　NOI　＝　ローン返済額となる金利6％の借入金額

つまり、キャッシュ・フローが回っているかどうかの基準を、「NOIと金利6パーセントのローン返済額が均衡するところ」とみるわけです。

その均衡点を基準として、それよりもNOIが下回ったら、基本的には「返済不能」と考え、均衡点より1円でも上回っていたら、「運営できている」と見なすわけです。

したがって、NOIと金利6パーセントのローン返済額が均衡するところが分かれば、その時のローン返済額に応じた借入金（元金）も求めることができます。

その時の借入金が、フルローンを前提とした購入価格、すなわち収益価値となるわけです。

まとめると、収益価値というのは「NOIと同額のローン返済額となる金利6パーセントの借入金額」ということです。

06 実際に収益価値を計算してみましょう!

◆収益価値計算の具体例

今回も積算価値と同じように、具体的な説例を設定して実際に収益価値を計算していきたいと思います。今回の説例も積算価値と同じ物件を想定しています。

(例)

・一棟RCマンション
・経過年数　17年
・法定耐用年数　47年
・満室想定賃料収入　2658万円/年間

という前提を置きます。

このときにNOIがいくらになるかということですが、NOIの速算式が、

満室想定賃料収入×0・64

ですから、これに数字を当てはめると、

NOI＝2658万円×0・64＝1701万円

と求めることができます。

『ローン計算機』では、入力項目として「返済回数」、「金利」、「毎月返済額」が必要となるので、「返済回数」と「毎月返済額」について計算します。

返済回数は借入期間のことなので、

借入期間＝法定耐用年数－経過年数

から毎月の返済回数を計算するため12倍します。

返済回数＝借入期間×12回＝（47－17）×12

＝360回

実際に収益価値を計算してみましょう！

○ 一棟RCマンション
○ 経過年数17年　法定耐用年数47年
○ 満室想定賃料収入2,658万円／年間

NOI ＝ 満室想定賃料収入 × 0.64
＝ 2,658万円 × 0.64 ＝ 1,701万円

返済回数 ＝（法定耐用年数 － 経過年数）× 12
＝（47 － 17）× 12 ＝ 360

毎月返済額 ＝ NOI ÷ 12
＝ 1,701万円 ÷ 12 ＝ 1,417,500円

となります。

毎月の返済額は、毎月のＮＯＩ（純収益）となります。

ここで注意が必要なのが、先ほど計算したＮＯＩは年間のＮＯＩなので、毎月のＮＯＩを計算するためには、年間ＮＯＩを12で割る必要があります。

毎月返済額
＝月額ＮＯＩ＝ＮＯＩ÷12
＝1701万円÷12
＝141万7500円

と求められます。

ここまで計算できれば、『ローン計算機』を使って収益価値を求めることができます。

「ローン計算機」で計算してみよう！

① 金利6％、返済回数360回、毎月返済額1,417,500円を入力し

② 「元金を算出する」ボタンをクリックすると…

③ 借入元金2億3,643万円が一発で求められる

④ 借入元金 ＝ 収益価値
＝ 2億3,643万円

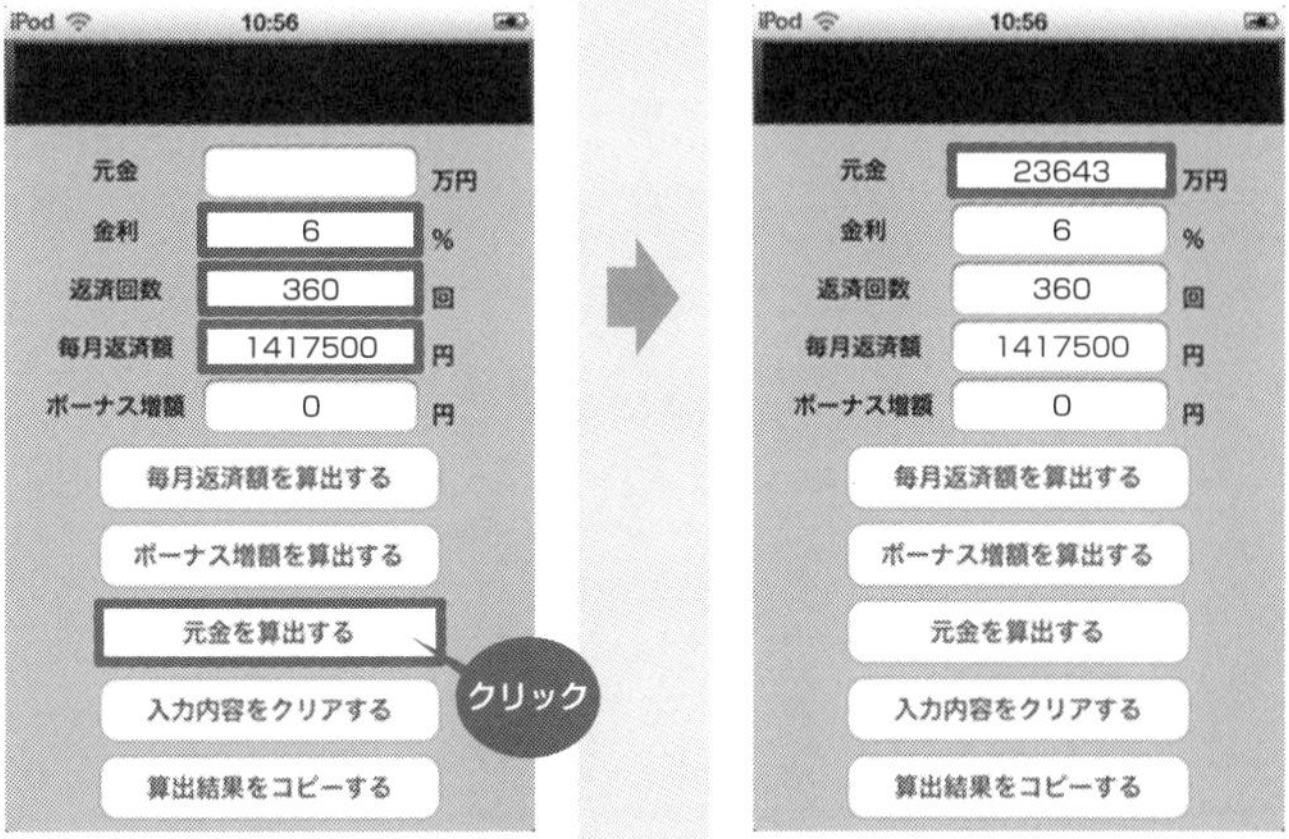

◆『ローン計算機』の使い方とは？

『ローン計算機』の画面を見ると、上のほうに実際に数値を入れていく箇所があります。「元金・金利・返済回数・毎月返済額・ボーナス増額」と5つの入力項目があります。

「元金」のところは空欄にして、「金利」には6パーセント、「返済回数」が360回、「毎月返済額」が1417500円という数値を入力していきます。今回はボーナス等を考慮しませんので、「ボーナス増額」は0円と入力します。

下の5つのバーが計算アイコンになっていて、その中の3番目、真ん中に「元金を算出する」というアイ

コンがありますので、このボタンをクリックします。

そうすると最初に空欄にしていた「元金」に、2億3643万円という計算結果が表示されます。

これが元金、すなわち借入金額に当たりますので、この借入金額が収益価値になります。したがって、この物件の収益価値は2億3643万円になります。

第4章

指値の金額と根拠を決める方法とは？

積算価値と収益価値の比較分析から、指値の具体的な金額と、指値の根拠が決められるようになる。

応用編で、「空室の多い物件」と「修繕費用のかかる物件」についても説明する。

01 指値の金額とその根拠の関係

この章では、「指値の具体的な金額の決め方」を紹介します。その後に「指値の根拠の決め方」を解説します。

指値の金額と根拠の決め方ですが、これまでに求めた積算価値と収益価値の2つの価値を比較することによって、決めていきます。

この時、積算価値が収益価値を上回る場合と、収益価値が積算価値を上回る場合の2通りのパターンに分類できるので、それぞれのパターンの指値の金額の決め方を個別に見ていきます。

そのあとにパターンごとの指値の根拠の決め方を解説します。

それ以外に、応用編として、「空室が多い物件」と「築古物件で修繕費用のかかる物件」の指値の金額と根拠の決め方も説明します。

02 プロが伝える最終的な指値金額の決定方法とは？

◆指値金額の決定方法とは？

まず、最初に指値の金額の決め方について解説します。

指値の金額の決め方ですが、これは第2章や第3章で計算した積算価値と収益価値を比較分析することで決めていきます。具体的な方法としては、2つの段階に分けて行います。

①**積算価値と収益価値を比較する**
②**比較した結果、いずれか低い価値を指値の金額として採用する**

という2つの手順です。この2つの手順は極めて簡単な方法ですので、不動産投資の初心者でも簡単にできる方法です。

◆積算価値と収益価値を比較する2つのパターンとは？

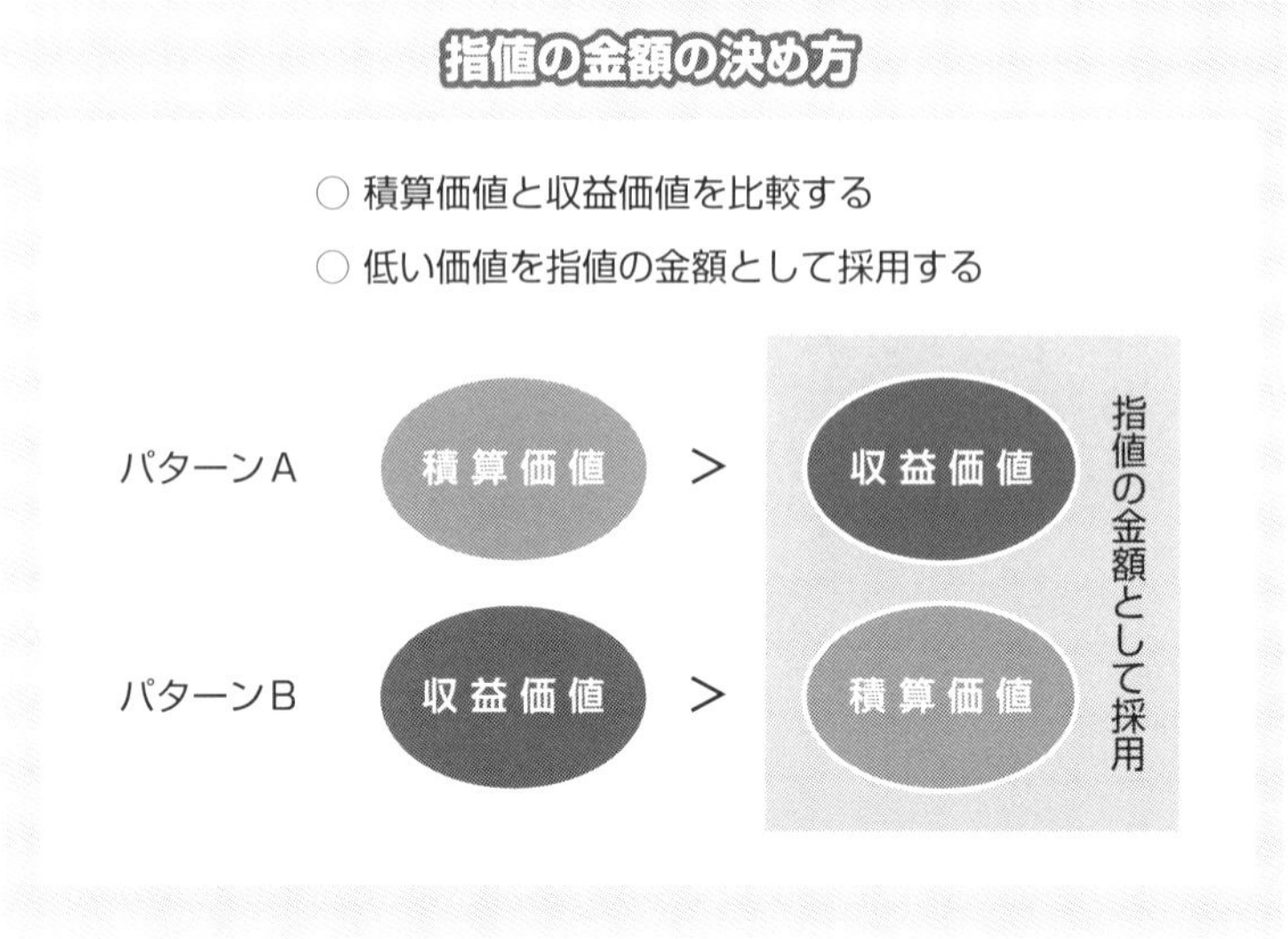

積算価値と収益価値を比較した場合に2つのパターンに分けることができます。

【パターンA】
積算価値が収益価値を上回る場合

【パターンB】
収益価値が積算価値を上回る場合

積算価値と収益価値の2つの価値を比較すると、この2通りのパターンに分けることができます。このときに積算価値と収益価値を比較して、いずれか低い価値の方を指値の金額として採用します。これが指値金額の決め方です。

これはどういうことかというと、第1章でも解説した考え方を応用しているのです。

すなわち、指値の金額は、売値と積算価値および収益価値を比較して、売値よりも低い価値のものを素早く見分けることが必要になります。

そして、売値よりも低い収益価値、積算価値のうち、いずれか低い価値を指値の金額とすると、指値が通りやすくなるのです。

その考え方をここでは応用します。

03 積算価格は高いが、収益価格が低い物件の指値の求め方とは？

◆パターンA：積算価値が収益価値を上回る場合の指値の金額の決め方とは？

最初にパターンAの「積算価値が収益価値を上回る場合」について解説します。次ページの表をご覧ください。積算価値と収益価値、2つの価値が棒グラフで表現しておりますが、高い方が「積算価値」、低い方が「収益価値」です。

このとき、積算価値が収益価値を上回っていることを確認してください。

次に「売値」という棒グラフがあります。これは積算価値よりも低く、収益価値も高い状態です。

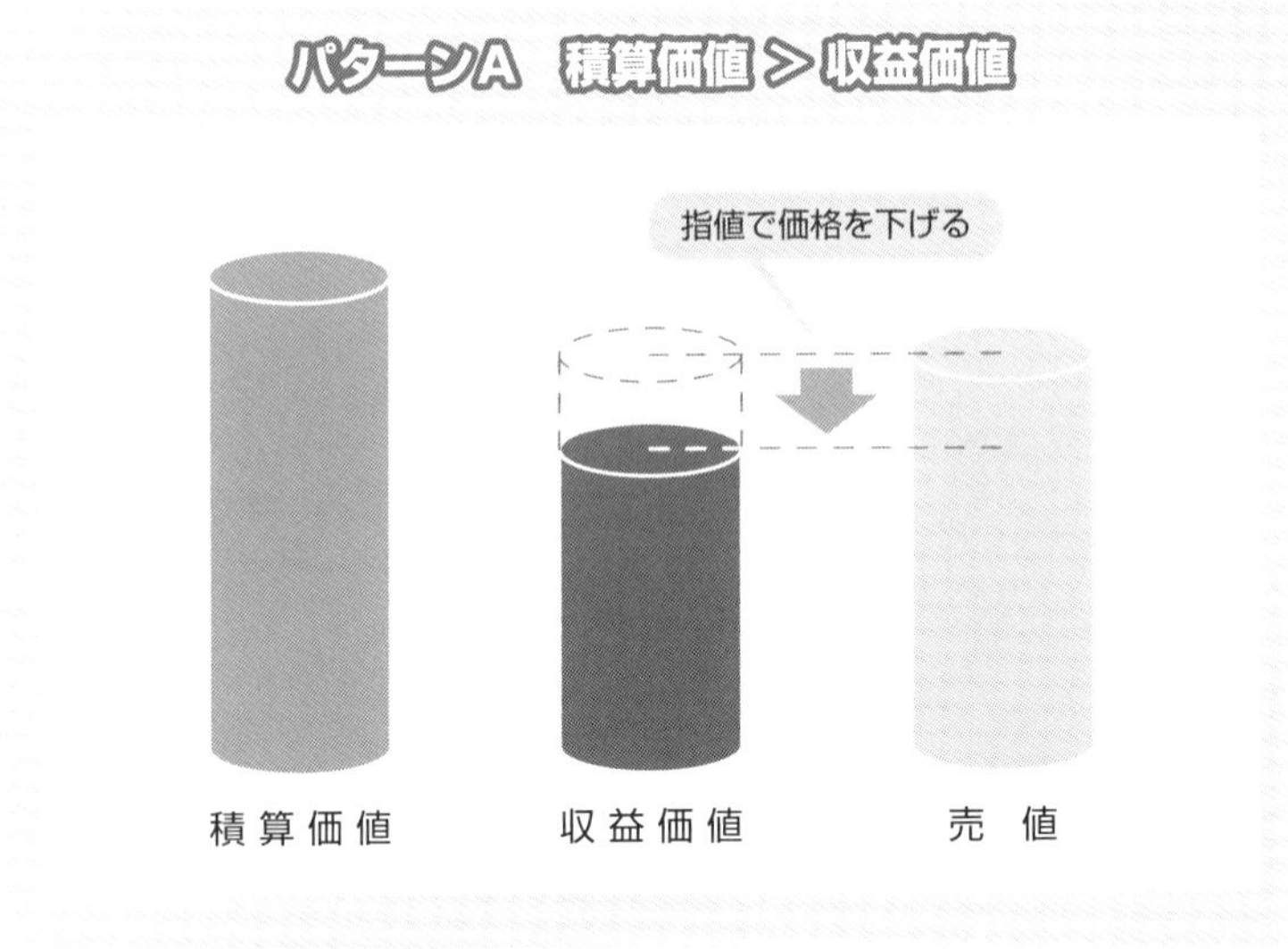

このような場合を想定したときの「指値の金額の求め方」を解説していきます。

このときに見るべきポイントとしては「売値」と「収益価値」を比較するということです。

売値は収益価値よりも高い状態にありますので、この収益価値と売値の「差の部分」を指値の金額とします。

そして、収益価値よりも高い部分を指値交渉することによって、最終的には収益価値と同じ金額で購入することを目標にします。

◆パターンAの典型的な2つの具体例とは？

次にパターンAの具体的なイメージを紹介します。まず、都心のファミリータイプマンションがこのパターンAに当てはまります。都心の場合だと当然、土地の値段が高いということもあり、土地と建物の割合でいうと、土地の割合が高まる傾向にあります。

加えて、ファミリータイプマンションになりますと、平米単価当たりの賃料単価が低くなる傾向にあるので、積算価値が高く収益価値が低くなる傾向があります。

また、もうひとつのパターンは都心に限らず、地方の場合でも当てはまるパターンです。敷地が広くて建物が低層の物件の場合はこのパターンAにあてはまる場合が多いです。

「敷地が広い」というのは、例えば最寄り駅から遠い郊外にある物件で、通勤に自動車が必要なため、駐車場がかなり広めにとってあるということです。しかも建物自体が高層でなく低層の2階建てのアパートだと、敷地面積に対して、建物の延床面積が小さいため、パターンAに当てはまります。

次に具体例を挙げて解説します。次のような物件を想定します。

(例)
・1棟RCマンション
・売値　2億7000万円
・経過年数17年
・土地面積　945㎡
・建物面積　1195㎡

パターンAの2つの具体例

具体的な物件イメージは…

○ 都心のファミリータイプマンション

○ 敷地が広く、低層の物件など…

・一棟RCマンション
・売値：2億7,000万円
・経過年数17年
・土地面積：945㎡
・建物面積：1,195㎡
・年間満室賃料：2,658万円
・表面利回り：9.8％

積算価値：2億7,500万円

売値　：2億7,000万円

収益価値：2億3,600万円

↓

指値　：2億3,600万円

・満室想定賃料　年間2658万円
・表面利回り　9・8％

売値に対する表面利回りが9・8パーセントと想定します。

このときの積算価値が2億7500万円。収益価値が2億3600万円と求められます。

この場合には。いくらで指値をしたらいいのでしょうか？

売値が2億7000万円なので、積算価値が売値よりも上回っていて、収益価値は売値よりも下回っている状態です。まさにパターンAの状態ですね。

このときの指値の金額としては、売値と積算価値、収益価値と比較して、いずれか低い価値と比較します。

したがって、この場合には収益価値と

売値を比較するということです。

売値が2億7000万円に対して、収益価値が2億3600万円ですので、収益価値が売値よりも下回っているため、指値としては、この収益価値を採用し、2億3600万円で指値をするということになります。

この2億7000万円と2億3600万円の差額分、3400万円を指値していくということです。

これがパターンAの指値の決定方法です。

◆パターンAの指値の根拠の決め方とは？

次にパターンAの指値の根拠の決め方を解説します。ポイントとなるのは、やはり収益価値の考え方です。

当然、売値と収益価値を比較して、その差額分を指値にしていくので、収益価値をどう考えているのかが指値の根拠としても重要になってきます。

特に、金融機関から融資を受けることを前提とすると、金融機関のキャッシュ・フロー分析をベースとした収益価値の考え方というのが非常に重要になるのです。

もう少しわかりやすく説明します。収益物件の場合、金融機関は必ずキャッシュ・フロー分析を行い、物件の返済能力を判定しています。私が在籍していたノンリコースローンだけを扱

パターンAの指値の根拠の決め方

収益価値のポイント	収益物件の場合、銀行では必ずキャッシュ・フロー分析を行い、物件の返済能力を判定する 金利が上昇しても、ローンが返済できるかチェックする
パターンAの指値の根拠	積算価値の高い物件でも、銀行はキャッシュ・フロー分析をベースとした返済能力を見るため、銀行融資を前提とした購入価格は収益価値になる

う部署に限らず、一般のアパートローンを出すセクションであったとしても必ず検討します。

特にキャッシュ・フロー分析においては、様々なリスク分析の中でも、特に金利が上昇してもローンが返済できるか、という金利上昇リスクについてのチェックを行っています。

したがって、指値の根拠としても、キャッシュ・フロー分析に基づく物件の返済能力というポイントを使って、根拠を決めていきます。

具体的には、パターンAの指値の根拠としては、いくら積算価値の高い物件であったとしても、金融機関はキャッシュ・フローをベースとした物件の返済能力というのを見ています。

購入者としては、銀行融資を前提とした購入金額というのは、収益価値をベースに決まるという根拠になるわけです。

このような指値の根拠の流れを、コンパクトに買付証明書に記載することによって、売主に指値の根拠を具体的に示していきます。

買付証明書の根拠の記載については、後ほど、詳しく具体的な例を挙げて解説します。ここでは具体的な根拠の決め方について理解していただければ十分です。

04 収益価格は高いが、積算価格が低い物件の指値の求め方とは？

◆パターンB：収益価値が積算価値を上回る場合の指値の金額の決め方とは？

次にパターンBの「収益価値が積算価値を上回る場合」について解説します。これも先ほどと同じように表を使って解説していきます。

今度は棒グラフの高い方が収益価値になり、棒グラフの低い方が積算価値です。つまり、収益価値が積算価値を上回っている状態です。そして売値が一番右側の棒グラフになり、売値が収益価値よりも低く、積算価値より高い位置にきています。

このとき指値の金額をどう決めていくかということを説明します。

まず、収益価値と積算価値を売値と比較して、いずれか低い価値を指値の金額とします。

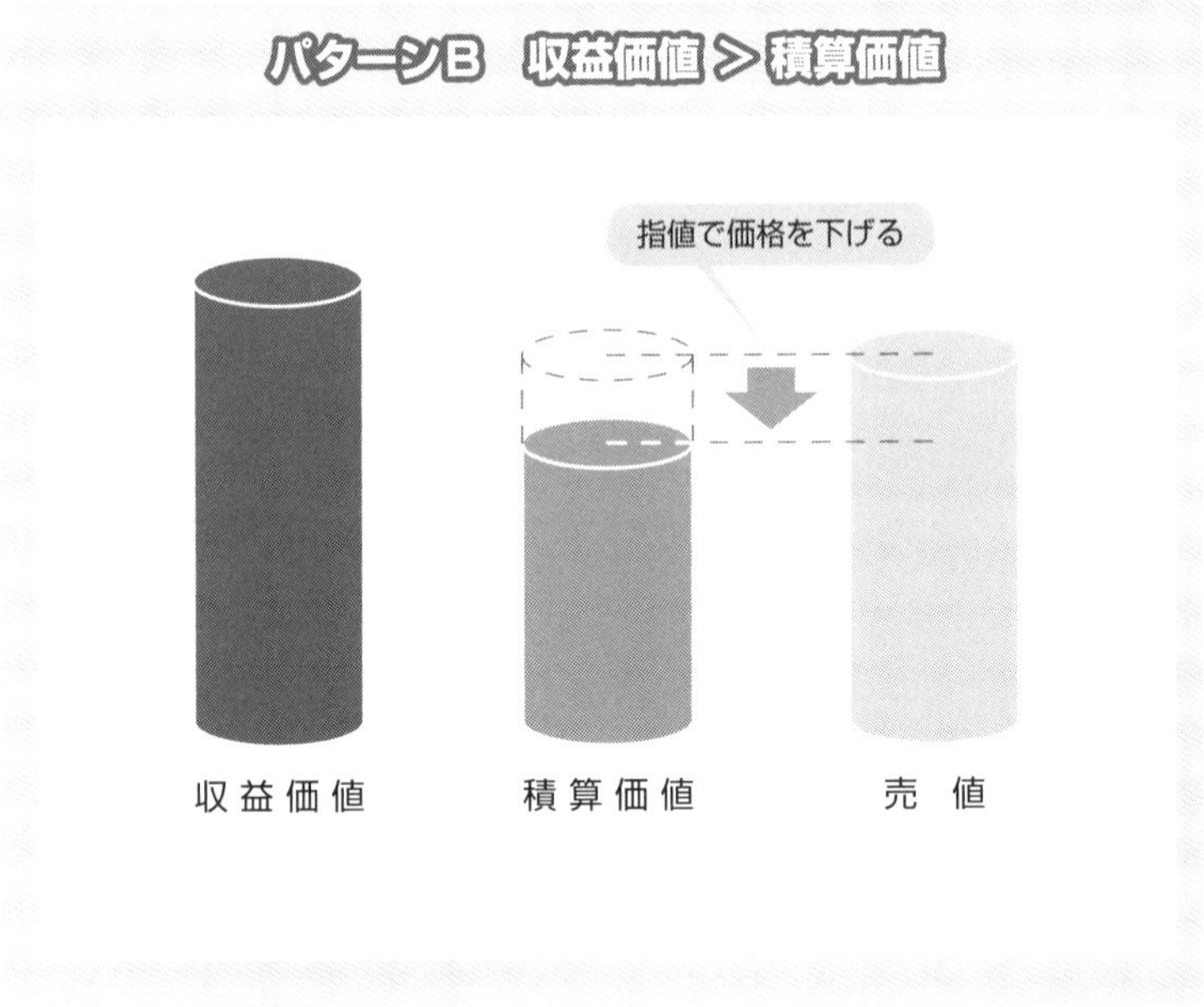

したがって、パターンBの場合は、積算価値と売値を比較し、「売値と積算価値の差額の部分」を指値交渉して、結果として積算価値と同じ金額で購入することを目標とします。

これがパターンBの指値の金額の決め方になります。

◆パターンBの典型的な具体例とは?

次にパターンBの具体的なイメージを紹介します。

パターンBにはどういった物件が当てはまるかというと、敷地が狭く容積率いっぱいに建てたワンルームタイプの一棟RCマンションのような物件が該当します。

容積率いっぱいに建築しているので、建物の割合が土地に対して、非常に高くなる傾向があります。

加えて、部屋の間取りがワンルームになると、賃料単価がファミリータイプに比べて高くなりますので、建物から得られるキャッシュ・フローは高額になります。

このような物件の場合には、収益性に基づいた収益価値が、積算価値より高くなる可能性が多いのです。それでは具体的な事例を挙げて解説します。

(例)

・一棟RCマンション
・売値　9500万円
・経過年数25年
・土地面積　245㎡
・路線価　23万円/㎡
・建物面積　360㎡
・年間満室賃料　627万円
・表面利回り　13・2%

年間満室賃料627万円ということで、売値に対する表面利回りが13・2パーセントという

パターンBの具体例

具体的な物件イメージは…

○ 敷地が狭く、容積率いっぱいに建てた築古マンション

- 一棟RCマンション
- 売値：9,500万円
- 経過年数25年
- 土地面積：245㎡
- 路線価：23万円／㎡
- 建物面積：360㎡
- 年間満室賃料：1,254万円
- 表面利回り：13.2%
- 借入期間：22年

収益価値：9,800万円
売値　：9,500万円
積算価値：9,000万円
↓
指値　：9,000万円

物件を想定します。

このときの積算価値が9000万円、収益価値が9800万円になります。

したがって、売値9500万円に対して収益価値が高く、積算価値が低いパターンBの状態になっています。

このようなパターンBの場合にどうやって指値の金額を決めていくかについて説明します。

これもパターンAと同じように収益価値、積算価値の低い方の価値を比較します。この場合ですと積算価値9000万円を指値の根拠として、採用することになります。

売値の9500万円と9000万円の差額分、500万円を指値の金額として価格交渉して、結果としては「9000万円で購入する」という流れになります。

パターンBの指値の根拠の決め方

積算価値のポイント	収益物件の場合、銀行評価での土地の価値は、路線価ベースとなる
	土地の市場価値でないことに注意
	なぜなら土地の市場価値は、現在の建物が取り壊され、更地になった時に実現する未実現な価値なため、担保とならないから
パターンBの指値の根拠	収益性の高い物件でも、銀行評価額は路線価をベースとした積算価値のため、銀行融資を前提とした購入価格は積算価値になる

◆パターンBの指値の根拠の決め方とは？

パターンBの「指値の根拠の決め方」は、積算価値の考え方がポイントになってきます。

当然、収益物件であっても、融資を前提とした場合には、金融機関の担保価値が重要であり、担保価値の評価にあたっては、路線価を基準とした積算価値を重視しなければならないという考え方になります。

パターンBの指値の根拠の流れとしては、いかに収益性の高い物件であったとしても、銀行評価額は路線価をベースとした積算価値によって求められるため、銀行融資を前提とした購入価格というのは、積算価値に基づくものになるという流れを買付証明書に簡潔に記載していきます。

パターンBの買付証明書の根拠の書き方につ

いては、後ほど詳しく説明します。ここではパターンBの根拠の決め方について理解していただければ十分です。

◆金融機関が収益物件の土地の市場価値を担保価値として考慮しない理由とは？

そして、この積算価値というのは、あくまでも路線価をベースとした価値なので、一般的な土地の市場価値ではないということも、ポイントになってきます。

これは第2章の最後でも説明した部分ですが、金融機関が土地の市場価値というのを、どのように考えるのかについて、もう一度説明します。

金融機関は、収益物件を担保として融資するときは、土地の市場価値を考慮しません。その理由としては、土地の市場価値というのは、現在の建物が取り壊されて、更地になったときに、初めて実現するものと考えるからです。

築年数の経過した建物が建っている土地というのは、価値としては低いと考えているのです。現在の建物を取り壊して、建物の無い更地になれば、不動産屋のいう相場価格になると金融機関は考えているわけです。

なぜ建物が取り壊されて更地にならないと、土地の市場価値があると考えないかというと、金融機関は、実現していない（未実現な）価値は、基本的に担保として考えないからです。

あくまでも「現況の状態での価値」までしか担保価値として見ませんので、更地部分の市場価値というのは考えないのです。そして、現況の状態での価値とは、路線価をベースとした積算価値なのです。

したがって、金融機関は、担保価値の査定に当たっては、あくまでも路線価をベースとした保守的な査定になるのです。

ただし、これも一般的な話ですので、例えば路線価よりも市場価格が低い場合も、地方物件とよく聞く話ですので、このケースには当てはまらないこともあります。その辺はご留意ください。

05 指値の金額と根拠の求め方を応用してみましょう！

次に「指値の金額と根拠の求め方」の応用編ということで、個別なケースを2つ紹介します。

そして、ケースごとの具体的な指値の決め方、根拠の考え方について説明します。

今回紹介するのは以下の2つのケースです。

【ケース①】空室が多い物件の指値の金額の求め方
【ケース②】修繕費用を指値に反映する場合の指値の金額の求め方

◆ケース①：空室が多い物件の指値の求め方とは？

空室が多い物件は、実際に検討してみると、指値の金額について悩んでいる投資家は多いと思います。

空室が多くなればなるほど、現状の賃料収入に基づく収益価値は低くなっていきます。

買主としては、このような空室の多い収益物件については現状の収益価値をベースとした指値をしたいので、空室が多くなればなるほど指値としては厳しくなります。

ただし、売主からすると現状の稼動というのは、あまり重要と考えていません。

買主としては、「満室想定賃料に基づく収益価値」というのが念頭にありますので、売主と買主の思惑というのが中々一致しません。

結果として、指値が通りにくいという状況がよく出てきます。

◆空室が多い物件に指値をする前に必ずしなければならないこととは？

指値が通りにくい背景として、現在の稼動状況が実態を表していない場合がかなりあるからです。

売主は売却することが決まれば、基本的に原状回復費用などを負担しないため、リーシングはもう行わない場合が多くなります。

そうすると空室部分は、そのままの状態になるため、通常の稼動よりも低くなります。

原状回復費用の負担も売主と買主の交渉によりますので、原状回復費用を売主が負担するということであれば、同じようにリーシング行う場合もありますが、このケースは数としては少ないです。

したがって、現状の稼働率が必ずしも、その物件本来の稼働率とは限らない場合が多いということです。そのため、空室が多い理由について必ず詳細に調べる必要があります。

◆周辺エリアの市場賃料を調べる方法とは？

次に、空室が多い理由を調べる方法について解説します。

空室が多い物件の調査方法は、まず現状の賃料と市場賃料の乖離を調べる必要があります。

現状の賃料が市場賃料と比べて差がある場合には当然、空室率にも影響するからです。市場賃料よりも高い賃料で貸していれば借り手は少なくなります。なぜなら、もっと安い物件に借り手が流れていってしまうからです。

そのため、入居が決まりにくいため空室率が大きくなります。

市場賃料を調べる一番いい方法は、周辺の賃貸仲介会社にヒアリングすることです。賃貸仲介会社にヒアリングすることによって、周辺エリアの市場賃料をつかむのが、何よりも重要になってきます。このとき、市場賃料の水準を掴むと同時に、そのエリアの標準的な空室率というのも合わせて確認していく必要があります。

対象物件と同じ間取りの市場賃料をヒアリングする際には、1社だけでなく、複数社にヒアリングすることが重要です。

なぜ、1社だけでなく複数社にヒアリングすることが必要かというと、1社だと、その会社だけの意見となるので、客観的な市場賃料とはいえないからです。

例えば強気の客付けをする会社なら、高めの賃料水準を答えるでしょうし、弱気の仲介会社であれば低めの賃料に査定するでしょう。

そのため、市場賃料のヒアリングに当たっては、複数社に聞くことによって、強気も弱気も含めて、周辺エリアの市場賃料の平均値を掴んでいくことが重要になります。

その上で、現状の賃料と市場賃料の差を比較して、空室が多い原因は何かについて分析するのです。

◆空室が多い理由を分析する方法とは？

現状の賃料が市場賃料よりも単純に高いということであれば、現状の賃料は市場賃料に引き直して収益価値を査定します。

なぜならば、現状の賃料が市場賃料と比較して高いことが、空室率が高い原因だからです。

空室部分の募集賃料を市場賃料と同じように見ていけば、物件自体に問題がなければ、周辺エリアと同じ空室率に集約されていくはずです。

◆空室が多い原因が、市場賃料との乖離《かいり》でない場合の調査方法とは？

ただし、場合によっては市場賃料と現状賃料が同じ場合でも、空室率が大きいという場合もあります。この場合には単純な市場賃料とか空室率だけの調査だけでなく、もう少し突っ込んだ調査が必要です。

例えば、よくあるケースとしては、物件を管理している管理会社の客付け能力の差が原因の場合もあります。

客付け能力の高い管理会社であれば、市場賃料と同じベースであれば、すぐに埋めることができるのに対し、客付け能力の低い管理会社だと、入居者を付けることができず、賃料は競合物件と変わらないのに、競合物件と負けてしまうということです。

例えば、管理会社の営業力が弱いため、物件の良さを紹介しきれず、営業力のある管理会社の管理する競合物件にお客さんを取られてしまうことも有り得るわけです。

したがって、市場賃料と同じぐらいで募集しているにもかかわらず、空室が多い物件につい

空室が多い物件の指値の求め方

空室が多くなるほど、現状の収益価値は低くなるので
むやみに指値をしたくなるが、それでは指値は通らない…

1	現状の賃料と市場賃料の差を調べる	複数の仲介会社にヒアリングして市場賃料をつかむことが重要
2	市場賃料をベースとした収益価値を求める	
3	収益価値と売値の差額を指値する	

ては、管理会社の客付け能力を調査する必要があります。

場合によっては、市場賃料と現行賃料が同じで、管理会社の能力も決して悪くないのに、空室率が高い場合があります。

例えば、物件自体に過去に何か問題があった事故物件だと、市場賃料で貸していたとしても、それが原因で決まらない場合があります。

また、物件の周辺に入居にあたって問題となるようなもの、いわゆる「嫌悪施設」と呼ばれるようなものが原因の場合も考えられます。

嫌悪施設とは、例えば、大きな音や臭いの出る工場、葬儀場とか、一般的に入居者にとって嫌がられるような施設がある場合も関係してきます。

そのような場合には、物件だけでなく、エリア周辺の調査というのも重要になってきます。

以上のように、空室が多い物件の調査方法には様々な方法があります。
しかし、空室が多い物件の指値の金額の求め方の基本は、次の通りです。
①現状の賃料と市場賃料の乖離を調べる。
②乖離がある場合には、周辺エリアの市場賃料と標準的な空室率をベースとした収益価値を求める。
③市場賃料をベースとした収益価値と、売値の差額を指値する。

◆空室が多い物件の具体例とは？

空室が多い物件の具体的な事例をひとつ紹介したいと思います。
この物件は次のような事例です。

（例）
・1棟RCマンション
・ワンルーム20室
・売値　1億5500万円
・経過年数　12年
・年間満室賃料　1544万円

空室が多い物件の指値の求め方

○ 法人一括借り上げ契約だったが、約半分の10室を解約したため、現状の稼働率は50％

○ 現行賃料（62,000円／室）は市場賃料より割高

○ 市場調査の結果、市場賃料は53,000円／室と判明

・一棟RCマンション
・1R×20室
・売値：1億5,500万円
・経過年数12年
・年間満室賃料：1,544万円
・現行賃料：62,000円／室
・表面利回り：10.0％
・市場賃料：53,000円／室
・借入期間：30年

売 値 ：1億5,500万円

現行賃料による収益価値 ：1億3,700万円

市場賃料による収益価値 ：1億2,700万円

↓

指 値 ：1億2,700万円

売値に対する表面利回りが10パーセントという物件でした。この物件は法人の一棟借りによる契約がされていて、満室で稼動していましたが、購入する半年前に20室の半分の10室を法人が契約を解除したため、購入時の稼働率としては50パーセントまで下がっていたという物件です。

法人一括借りで、賃貸期間も5年間程度に及んでいたので、現行の賃料水準は周辺の市場賃料と比べると高めになっていました。

18㎡のワンルームが一室あたり6万2000円で、市場の賃料よりも割高な契約になっていました。周辺の同じようなワンルームの賃料相場を調査したところ、市場賃料としては1室あたり5万3000円程度ということが判明し

ました。この時、現行賃料と市場賃料のそれぞれの収益価値を算定すると現行賃料の収益価値が、1億3700万円、市場賃料の収益価値が1億2700万円と1000万円の差がありました。

したがって、指値の金額は、市場賃料の収益価値の1億2700万円となります。

当然、市場賃料は現行賃料と比べて一室当たり9000円低いので、市場賃料の収益価値も低くなっていきます。

ただし、注意しなければならない点は稼働率が50パーセントだからといって、空室部分の収入は全く考慮しないのではなく、空室部分を市場賃料で貸すことを前提とした満室想定することです。そして、空室部分を市場賃料で貸すことを前提とした満室想定に標準的な稼働率を掛けて、市場賃料の収益価値を求めるのです。

この市場賃料の収益価値の考え方は、売主からしても合理的な考え方と納得してくれるわけです。

◆ケース②：修繕費用を指値に反映する場合の指値の求め方

次のケースとして、リフォーム業者の見積もりによる修繕費用を指値に反映させる場合について解説します。

第1章の基礎編で、「修繕費用を使った指値の方法」というのを紹介しました。当然、修繕費用というのを専門のリフォーム業者に見積もりを取ることによって、ある程度は修繕費用を客観的に見積もることができます。

この修繕費用の見積もりを指値交渉の材料として上手く活用することによって希望金額まで指値をしていくのが「修繕費用を使った指値の方法」です。

ただし、リフォーム業者に見積もりを依頼する際には、リフォーム業者に現地を見てもらう必要があることと、見積もりまでに時間がかかることから、最初からこの方法を採用するのは難しいわけです。

したがって、買付証明書を出すまでにある程度時間が使える場合で、なおかつ売主も見積もりに協力的である場合に有効な方法になります。

◆修繕費用を指値に反映する場合の具体的な指値の仕方とは？

修繕費用を指値に反映する場合には、どのように指値交渉をしていくかというと、まず通常のように積算価値、収益価値の2つの価値を比較して、どちらか低い価値を指値の基準の金額とします。さらに見積もりをとった修繕費用が別途かかるので、さきほどの指値の基準の金額からこの修繕費用を控除した金額が最終的な指値の金額になります。

それを式で表すと以下のようになります。

修繕費用を反映した最終的な指値の金額＝
積算価値または収益価値のいずれか低い価値－修繕費用

ただし、修繕費用を売主が負担する場合や、売主から、そもそも売値は修繕費用を控除したのちの金額と主張された場合には、この方法を使うことができません。

◆修繕費用を指値に反映する場合の具体例とは？

それでは、修繕費用を指値に反映する場合の具体例について解説します。
具体的には以下のような物件を想定します。

（例）
・一棟ＲＣマンション
・売値　９５００万円
・経過年数　25年
・土地面積　２４５㎡
・路線価　23万円／㎡

修繕費用を指値に反映する場合の具体例

- 一棟RCマンション
- 売値：9,500万円
- 経過年数25年
- 土地面積：245㎡
- 路線価：23万円／㎡
- 建物面積：360㎡
- 年間満室賃料：1,254万円
- 表面利回り：13.2%
- 借入期間：22年
- 修繕費用：1,000万円

収益価値：9,800万円

売　値　：9,500万円

積算価値：9,000万円

↓

指値の基準となる価値
＝収益価値：9,000万円

↓

指値＝収益価値－修繕費用
＝9,000万円－1,000万円
＝8,000万円

・建物面積　360㎡
・年間満室賃料　627万円
・表面利回り　13・2％
・見積もりによる修繕費用
　1000万円

この事例は、パターンBで紹介した事例と同じです。違いは、修繕費用1000万円が加わっている点です。

この時の収益価値が9800万円で、積算価値が9000万円なので、積算価値の9000万円を指値の基準の金額とします。そして、この金額から修繕費用1000万円を控除し、修繕費用を反映した指値の金額を8000万円と求めます。

第5章

高確率で指値が通る買付証明書を出すポイント

「正しい指値の4つのステップ」のうち、最も重要な
「その指値の金額と根拠を買付証明書に書いて売主に提出する」
という最後のステップをマスターすれば、
初心者でも高確率で指値が通る買付証明書が書けるようになる。

01 買付証明書の役割とは何か？

◆買付証明書とは？

最初に、「買付証明書」とは何かについて　簡単におさらいします。

「買付証明書」とは、買主の購入の意思表示を示した売主へ提出するための書面です。

一般に収益不動産の売買の場合は、この買付証明書を出した時点で売主に対して正式な購入の意思表示をしたことになります。

◆買主候補が複数いる人気物件の場合の優先順位は？

買主候補が複数いるような人気のある物件の場合は、買付証明書を先に出した人が、一番目の交渉の権利を得られます。つまり、先着順です。

一番目の交渉権を得られた買主候補を「一番手」といいます。

また、一番目の交渉権を得られることを「一番手になる」といいますが、一番手になったからといって、必ず物件を購入できるとは限らないことに留意してください。

なぜなら、現在は融資がつきにくい状況なので、一番手として具体的な価格交渉をしても、結局、融資が降りなくて買えないというケースが多くあるからです。

このような場合には、売主としては、次の買主候補とまた交渉しなければならなくなり、手間がかかるということもあって、現在は買付証明書を出した順番ではなく、融資が降りた順番となるケースも多いです。

つまり、一番目の交渉権は、必ずしも買付証明書を出した順番ではないというのが、最近の傾向だということを注意してください。

◆買付証明書の特徴とは？

買付証明書というのは、買主にとっては交渉の一番手になるための重要な書類になります。

ただし、買付証明書は、「法的な拘束力がない」というのがポイントになります。

買付証明書は、購入の意思表示の書面だというと、かなり重たいイメージがありますが、売買契約書のような法的拘束力がある書面ではありません。

簡単に言うと、買付証明書には、口約束だと形に残らないので、約束を「紙にキチンと記録する」という程度の位置づけしかありません。法的拘束力がないため、もし書面通りに購入しなかったとしても、なんらペナルティを受けるものではありません。

例えば、売買契約書の条件通りに売買取引を行わなかった場合は、違約金等の何らかのペナルティを課せられるのが、通常の売買契約です。

しかし、買付証明書は、仮に買付証明書に書いた金額で買えなかったとしても、違約金などを支払う必要はないのです。

ただし、いったん「購入」の意思表示をしたのにもかかわらず、直前になって買付を取り止めたりすると、仲介に入った不動産会社からすると、売買契約直前まで汗をかいて働いたのが無駄になってしまいますので、不動産会社への評判を下げることにはなります。

このようなことを繰り返していると、その不動産仲介会社だけではなく、他の仲介会社にも知るところになるので、他の仲介業者にも相手にしてもらえなくなる可能性があります。

まとめると、買付証明書は次のような書面といえます。

【買付証明書とは】

・買主の購入の意思表示を示した書面
・法的拘束力はない
・買主候補が複数の場合には、先着順になる場合が多い

◆買付証明書を出す相手とは？

次に買付証明書を出す相手について解説します。

買付証明書を出す相手というと、みなさんは「当然、売主さんでしょ?」と、お答えになると思います。

もちろん、最終的に売主へ届けられますが、その前に仲介会社が入ります。

場合によっては、買主の出した買付証明書が売主には届けられないケースがあります。

なぜなら、仲介会社が売主へ渡す買付証明書を選別しているからです。

売主と買主が直接に売買するケースはほとんどありません。

ほとんどの不動産取引は仲介会社が入っています。それも一社だけでなく、複数社が入ることもあります。

売主側の仲介会社である「物元《ぶつもと》業者」と、買主側の仲介会社である「客付《きゃくづけ》業者」の2社が、売主・買主双方の間に入っているのが、最も多い一般的なケースです。

このときに買主側が出した買付証明書が売主に渡されるまでの流れですが、まず、買主から客付の仲介会社に行き、そこから物元の仲介会社へ行きます。最終的には物元の仲介会社から売主に渡されます。

◆買付証明書が必ずしも売主へ届かない理由とは?

この流れに沿っていくと、最終的に買付証明書は売主に渡されることになりますが、場合に

買付証明書を出す相手は？

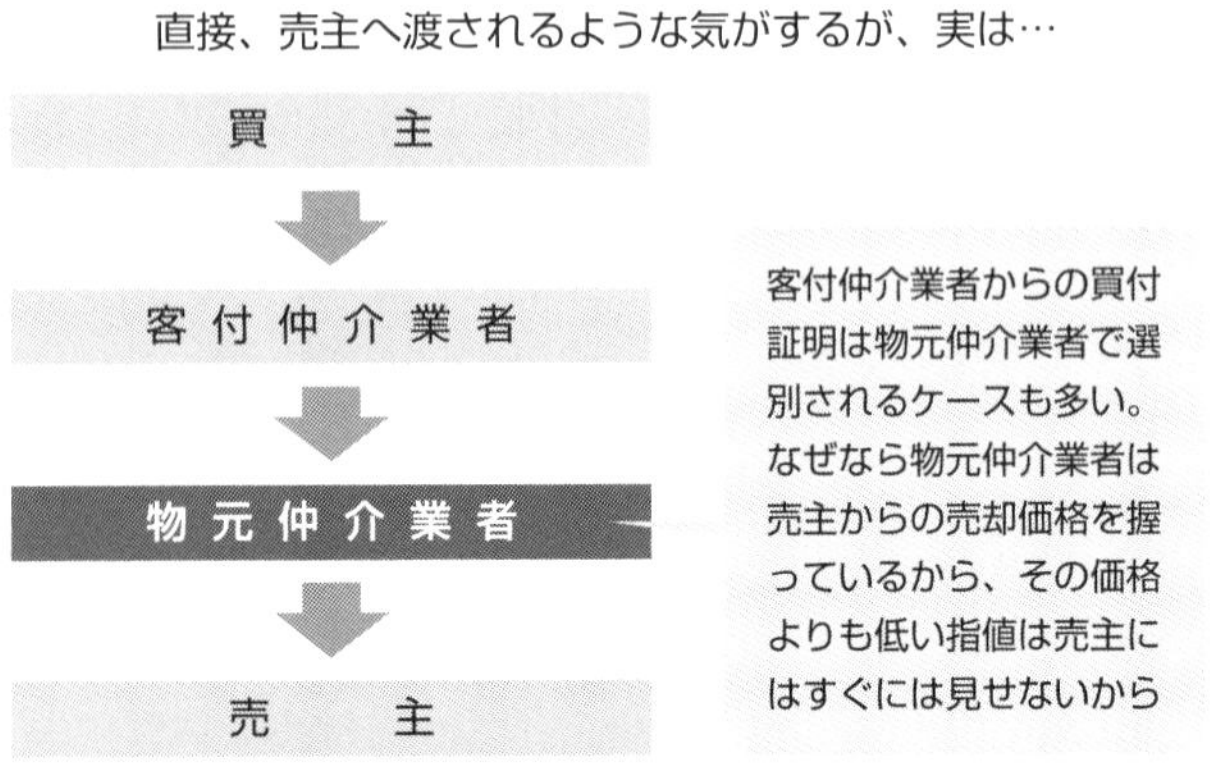
直接、売主へ渡されるような気がするが、実は…
買　主
客付仲介業者
物元仲介業者
売　主
客付仲介業者からの買付証明は物元仲介業者で選別されるケースも多い。なぜなら物元仲介業者は売主からの売却価格を握っているから、その価格よりも低い指値は売主にはすぐには見せないから

よっては買主の出した買付証明書が、売主まで渡らないということもあるわけです。

これは物元の仲介会社が、買付証明書を「売主に渡さない」ことがあるからです。

あなたは「えっ！　そんなことがあるの？」と思われるかもしれません。

それでは、その理由について説明します。

物元の仲介会社というのは、売主から物件売却を依頼されている仲介会社です。

したがって、売主の状況とか売りたい価格など売主の細かい事情を聞いているわけです。

売主の最低売却額というのを把握した上で、売値の算定を行っているため、売主の最低売却額に届かないやみくもに安い指値の買付証明書は、そもそも売主に持っていかないのです。

売主には、当然「最低売却額」がありますし、すぐに売れるのであれば、最低売却額以上であれば「売値より、多少は値引きしてもいい」と

いう心理はあります。

しかし、そこを遥かに越えた「厳しい指値」の買付証明書を売主が見てしまうと、「そもそも物件を売るのをやめてしまう」ということにもなりかねません。そうなると物元の仲介会社としては、仲介の手間だけかかってしまって、仲介手数料が得られません。

それならば、厳しい指値の買付証明書は最初から売主へ持っていかない方が、物元の仲介会社にとってはメリットがあるということになるのです。

◆買付証明書が必ずしも売主へ届かないもうひとつの理由とは？

物元の仲介会社で、買付証明書を選別されるケースが多いのですが、客付の仲介会社で選別される場合もあります。これは、どういうことかというと、非常に人気のある物件で、買主候補が複数いる場合のケースです。

客付の仲介会社としては、購入が確実な買主を仲介して、結果的に売買契約が成立しないと、客付業者の報酬である仲介手数料は手に入らないからです。

したがって、物元の仲介会社に買付証明書を持っていく際には、自分の紹介するお客さんであれば、必ず買うことができるというのをある程度、根拠を示しながら、持っていきたいという心理が働いているのです。

ですから、現金をたくさん持っているお客さんや、既に融資の内諾を得ているお客さんを紹介すると、その客付業者の仲介会社としての評判が上がっていくのです。

収益物件の客付業者はそういう立場なので、物元業者に買付証明書を持って行くときも、「変なことをして嫌われたくない」という心理が働くわけです。

何の根拠もなく、厳しい指値の買付証明書を、そのまま物元業者に渡してしまうと、その物元業者が物件情報を多数持っている有力な不動産業者の場合だと、今後一切物件を紹介してもらえない状況も出てくるのです。

不動産業界は非常に狭い業界のため、客付業者としては、「物件情報を得られない」というのは死活問題になります。つまり、あまり滅多なことはできない立場なのです。

ですから、人気物件で余りに厳しい指値をするような買主は、そもそも弾かれてしまい、より高い価格で買付をしてくれる買主の買付証明書を持っていくと行動に出るわけです。

◆両手取引の場合の買付証明書の流れの特徴とは？

片手取引といわれる売主側、買主側の双方で仲介会社が入る取引のほかに両手取引、いわゆる売主と買主の間に1社しか仲介会社が入らないというケースがあります。

この場合は、売主の物元業者が、買主の客付業者になっているので、買付証明書の流れとしては、買主から出された書類が「客付兼物元」の仲介会社から直接売主のほうへ渡っていくと

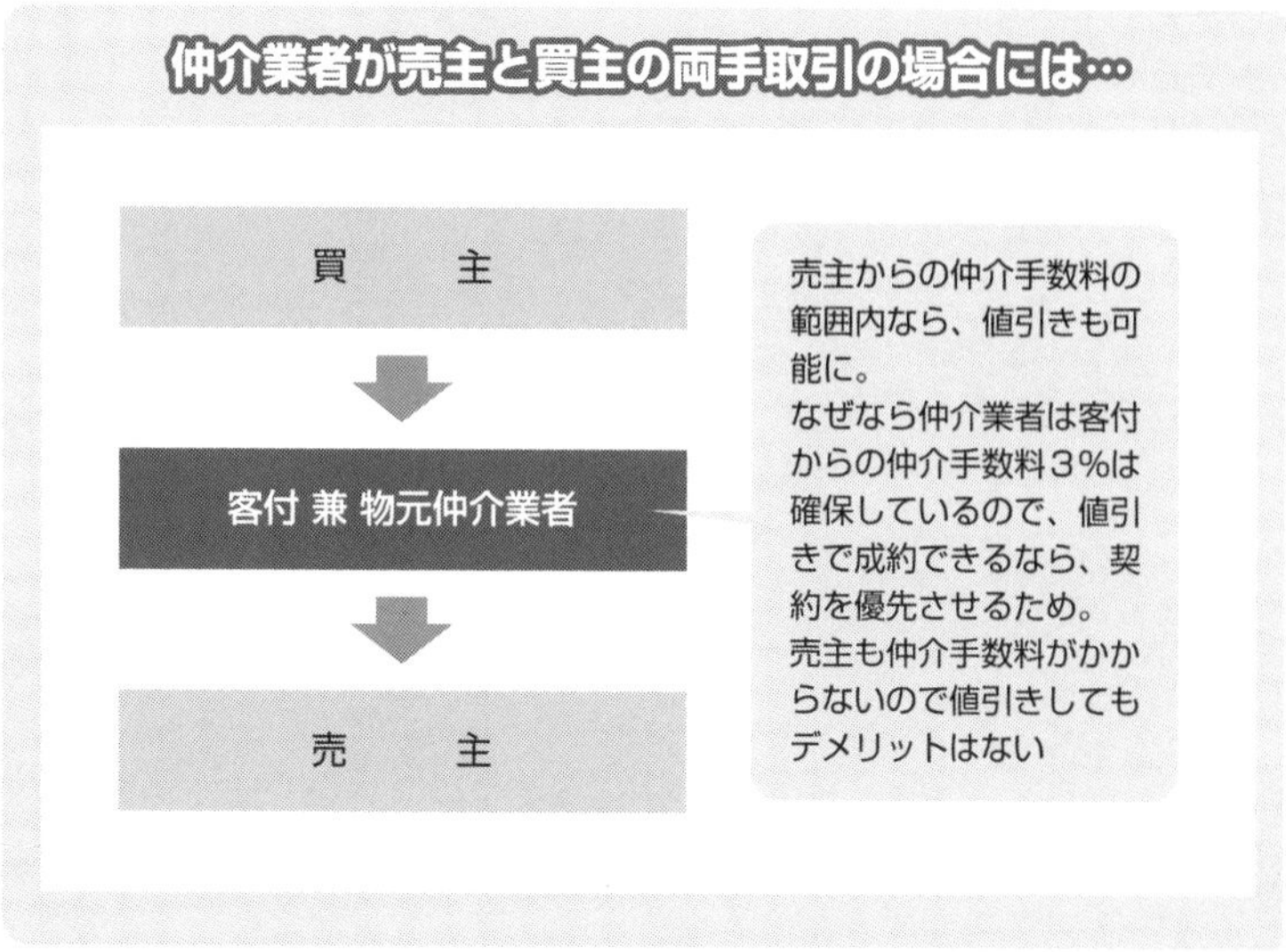
仲介業者が売主と買主の両手取引の場合には…
買　主
客付 兼 物元仲介業者
売　主
売主からの仲介手数料の範囲内なら、値引きも可能に。
なぜなら仲介業者は客付からの仲介手数料３%は確保しているので、値引きで成約できるなら、契約を優先させるため。
売主も仲介手数料がかからないので値引きしてもデメリットはない

いうシンプルな形の流れになります。

客付と物元の仲介会社が同一会社となるので、「仲介会社の裁量」というのが増えていきます。

価格交渉についてはある程度、仲介会社がコントロールできるので、様々な交渉のパターンが可能になってくるという特徴があります。

両手取引の場合には、仲介会社がかなり強い立場なので、買主としては、この業者に「如何に気に入ってもらえるか」ということが重要になってくるわけです。

そうすることで、上手く売主に交渉してもらえることも可能になります。それ以外にも、売主の情報も聞き出しやすくなりますし、指値も交渉もしやすくなります。

具体例として、仲介会社というのは、売買が成立したときに、仲介手数料をもらうわけですが、両手取引の場合は、仲介会社が売主と買主の両方から仲介手数料をもらえる立場にあります。
そのため、片手取引の2倍の仲介手数料がもらえます。その仲介手数料を価格交渉の材料として使って、指値する場合もあるわけです。

02 高確率で指値が通る買付証明書を出すポイントとは?

◆買付証明書を出すたった2つのポイントとは?

次に買付証明書を出すポイントを説明したいと思います。

【ポイント①】
買付証明書を出すタイミングはスピードが重要

買付証明書を出すタイミングですが、基本的には「スピードが重要」になります。
当然、売り物件は一つしかありませんが、買いたい人は複数いる場合が多いからです。

不動産売買の場合には、売主と具体的な交渉に入れるのは、一番手になった買主候補からという大原則があります。したがって、買付証明書を他の人よりも先に出して、一番手になるというのが非常に重要になってくるわけです。

とにかく買付証明書をできるだけ速く出すというのが最初のポイントになります。

ただスピードだけを重視するあまりに、指値の根拠を何も考えずに買付証明書を出してしまう投資家も中にはいます。

しかし、このようなことをして、不動産を買うことができても、不動産投資に成功することはできないでしょう。

やはり、買付証明書を出すまでには最低限の「手順」が必要になります。したがって、その「手順」をできるだけ速く済ませて、素早く買付証明書を出すことが重要になってくるのです。

買付証明書を出すまでの「手順」については、この後のアクションプランで詳しく説明します。

【ポイント②】

買付証明書を出すことを躊躇しない

買付証明書を出す2つ目のポイントは、「買付証明書を出すことを躊躇しない」ことです。

なぜなら、重要な約束事項を書いた書面だと意識が強すぎて、「結局、買付証明書を出せない」という投資家が非常に多いからです。

たくさんの人から買付証明書を出せないため、結果として物件が買えないという話を多く耳にします。買付証明書を出さないと、物件は絶対に買えないので、買付証明書を出すことに躊躇しないようにしましょう。

当然、買付証明書を出して、買えなかった場合を心配する気持ちはわかります。買付証明書を出していながら、契約直前でキャンセルになったら、仲介業者の評判は悪くなりますし、今後その業者からは物件を紹介してもらえなくなるでしょう。

しかし、融資がつかなかった場合を除いては契約前に買主の事情でキャンセルになるということはほとんどありません。やはり、融資がつかなくて契約が流れる場合がほとんどです。

しかも、融資特約を付けていれば、融資がつかなくて買付がキャンセルになったとしても、それは特段問題にならないのです。

ただし、買付証明書を出す限りは、当然、購入の意思は必要ですので、中途半端に出すのはよくありません。

また、買付証明書を出すときには、指値の金額の理由を、きちっと客付の仲介会社に説明することが重要です。そもそも客付業者を説得しないと、売主や物元業者に買付証明書を持っていってもらえません。

場合によっては買付証明書を提出後にどうしても価格交渉したいと思う局面があるかもしれません。その時に指値の理由を考えて、熱意を持って説明すれば、客付業者もあなたの真意を理解してくれて、価格交渉できるように動いてくれるはずです。

やはり、不動産取引においては、信用が一番なので、仲介会社とのコミュニケーション、信頼関係というのが重要になってきます。

買付証明書を実際に出すまでの具体的な方法については後ほど解説します。

ここでは「買付証明書を出すタイミングはスピードが重要である」ということと、「買付証明書を出すことをためらわない」ことが、高確率で指値が通るポイントになっていることを理解してください。

03 プロが教える『成功する指値のアクションプラン』

◆買付証明書を出す3つのタイミングとは？

具体的な指値のアクションプランを説明する前に、買付証明書を出すタイミングについて解説します。

買付証明書を出すタイミングですが、大きく3つ挙げることができます。

ただ、いずれのタイミングであっても売買契約を締結する前になることに注意してください。なぜなら、売買契約書には、売買金額を記載しなければならないので、その前までに買付証明書を出して、指値の交渉をする必要があるからです。

買付証明書を出すタイミングとしては、次の3つです。

①現地調査時点
②建物内覧時点
③融資承認時点

このうち融資承認時点ですが、必ずしも売買契約前に承認が下りるという場合だけではないので、必ずあてはまるわけではないことに注意してください。

ただし、融資が売買契約前に承認が下りた場合、指値をするタイミングとしては非常に有効です。

それでは、3つの各タイミングについて細かく説明します。

①現地調査時点

現地調査時点のタイミングに買付証明書を出す目的は、交渉の一番手を確保するためです。

人気のある物件で、買主候補が複数いることが予想される場合には、このタイミングまでに積算価値と収益価値の両方の価値をチェックして、すぐに買付証明書の書く準備をします。

現地調査時点に、その買付証明書を持って現地調査に特段問題がなければ、すぐにその場で買付証明書を仲介業者へＦＡＸします。

これは、とにもかくにもスピードを重視して交渉の一番手を確保するためです。

②建物内覧時点

建物内覧時点のタイミングで買付証明書を出すということは、最終的に精査《せいさ》された指値金額を提示するタイミングということです。

したがって、このタイミングで買付証明書を出せるということは、人気物件では難しく、仲介業者が両手取引の未公開物件などに限られます。

現地調査時点では、スピード重視で簡易的に収益価格、積算価値を計算しているだけなので、賃貸需要とか修繕費用の見積もり等の細かい数字は反映していません。

こういったものを含めて、「最終的な自分の買いたい金額」を決めたうえで、建物内覧時点に買付証明書を出します。

このような精度の高い指値をする際には、賃貸需要の調査や修繕費用の見積もり等が必要ですが、それらを調べるには時間がかかります。

そのため、人気のある物件だとそのような調査をしてから買付証明書を出すことが難しいの

買付証明書を出すタイミングとは？

1	現地調査時点	○ 一番手を確保するため ○ 積算価値と収益価値チェック ○ いずれかの価値が売値を上回ればすぐに買付証明書を出す
2	建物内覧時点	○ 最終的な指値金額の提示 ○ 賃貸需要調査や修繕見積りには時間がかかるため人気物件では難しい
3	融資承認時点	○ キャッシュ買い客がいない場合、融資承認は指値の一番有力な交渉材料 ○ なぜなら、融資実行が確実なため、すぐ決済ができるから

↓

いずれも売買契約締結前

で、仲介業者が両手取引の未公開物件などの場合に限られるのです。

③融資承認時点

融資承認時点で買付証明書を出す場合には、キャッシュ（現金）買いのお客さんがいない場合に限られます。

その場合には、融資承認時点が指値としては、一番有力な交渉材料になります。

すなわち、融資承認が降りた時点で、融資金額を基に指値の交渉をしていくというのが、非常に強力な交渉の材料になるからです。

それはなぜかというと、売主としては物件を売りたいので交渉をしているわけです。

したがって、「融資が通りそうだ」というだけだと、融資の承認が下りない場合もあるので、売主は、売却は確実ではないと思っています。

しかし、すでに融資の承認が降りたということになると、直ぐに買ってもらえることが確定したということです。

したがって、売主としては、すぐに売れるのであれば多少、価格を融通してもいいという心理が働くのです。

融資承認時点というのは、自分がすぐに決済できるということを証明するエビデンス（証拠）になるわけですから、まさに価格交渉のタイミングとしては非常に有力だということになるのです。

◆高確率で指値が通るアクションプランとは？

ここでは、最終的な指値をしていくまでのいくつかの具体的なアクションを例示していきます。

細かく7つのアクションというのを例示していますので、この7つの行動を順番通り行っていくことによって、最終的に希望の指値が通るようになります。

それでは具体的に、指値までのアクションプランを解説します。

【第1ステップ】物件情報の入手

検討する物件情報が入ってこなければ、指値のしようがないので、幅広く物件情報を入手できるように、複数の情報源を確保しておくことが重要です。物件情報の選定の仕方も、様々なノウハウがありますが、本書は指値の方法を解説するものなので、ここでは割愛します。

【第2ステップ】積算価値、収益価値を計算する

第2章と第3章で解説した計算方法をもとに積算価値、収益価値を計算します。

両方の価値を比較して、売値より低いものがあれば、直ぐに現地調査へ行く準備をします。

人気物件であれば、すぐに買付が入れられるように、この時点で買付証明書を書いておきます。

【第3ステップ】現地調査

現地調査はあくまでもスピードを重視するということから、外観調査だけに留めておきます。

現地調査の方法についても、不動産鑑定士ならではの調査方法があるのですが、紙面の都合から、別の機会に解説します。

指値成功までのアクション・プラン

1. 物件情報入手
2. 積算価値・収益価値チェック
3. 現地調査（外観調査のみ）
4. 購入の意思表示をする
5. 融資打診・市場調査
6. 建物内覧
7. 売買契約締結

【第4ステップ】購入の意思表示をする

外観調査を行って、基本的に問題がなければ、物件を紹介してくれた仲介業者へ購入の意思表示をします。

人気物件の場合には、現地調査へ行く前に指値の金額と根拠を書いた買付証明書を用意しておき、現地調査の際に一緒に持っていく。

現地調査に問題がなければ、すぐその場からＦＡＸを送るくらいのスピード感が重要になります。

人気物件は、物件情報が出たときに、皆一斉に現地調査へ行きますので、不動産業者や投資家と鉢合わせになることもあります。

自分はできるだけ同業者に目立たないように、サッと見て、直ぐコンビニに駆け込んでＦＡＸを送るくらいにしないととても一番手を確保できません。

そうやって苦労して現地調査したうえで、買付証明書を出して一番手を確保するのが、人気物件の第一の目標になります。

【第5ステップ】金融機関への融資の打診と市場調査

仲介業者に購入の意思表示をして、具体的に交渉できるようになったら、金融機関へ融資の打診をします。それと同時に、物件の具体的な市場調査を行います。

市場調査では、賃貸需要の調査を中心に、市場賃料、管理会社の状態、周辺エリアの稼働率の調査なども同時に行います。

また建物が古く、修繕が必要な物件であれば、指値にあたってリフォーム業者による修繕費用の見積もりが必要になるので、リフォーム業者への見積もりを依頼します。

【第6ステップ】建物内覧

建物の内部を見て、部屋の内部の維持管理状態や、リフォームの必要の有無を確認します。

建物内覧をして問題なければ、市場賃料等を考慮した最終的な指値をします。未公開物件など、一番手になる必要のない物件は、この時、買付証明書を出します。

また、建物が古い物件で、リフォーム業者を入れて内装の見積もりを取ることになる場合には、建物内覧後、業者の見積もりが出た段階で、買付証明書を出すようにしましょう。

【第7ステップ】売買契約を締結する

建物内覧後の指値交渉の結果、指値が通って売買価格が確定して、売買契約を締結します。

◆買付証明書を出すときの2つの注意点とは？

これまで買付証明書を出すポイントやタイミングについて解説してきましたが、買付証明書を出すときに2つの注意点があります。

【注意点①】売値の根拠を聞き出す

第1章でも指値をする前に必ず「売値の根拠を聞き出す」と解説しました。

買付証明書を出すときも同様で、売値の根拠を聞きだす理由は、「売主が妥協できる最低売却金額を見抜きたい」ということです。

売主の妥協できる最低売却金額がわかれば、その金額までは指値ができるので、積算価値と収益価値を上手く活用して、指値を成功させることができます。

売主としては、最低売却金額は、安易に買主に教えることはないので、そう簡単に聞き出すことは難しいですが、少なくても売値の根拠を聞くことによって手がかりを掴むことができます。

なぜなら、売値の根拠というのは、「売主の最低売却金額」というのを基準にして、それに上乗せして決めるというよくあるからです。

売値と売主の最低売却金額が同じであれば、そもそも物件を売却しないので、売値は最低売却金額よりも高く設定しています。

その上で売主の事情に応じて、売値を積算価値で求めたり、収益価値で求めるということになるので、最低売却金額が収益価値の利回りの根拠になったりします。

したがって、まずは「売値の根拠がどういったところか」を聞き出してその手がかりを掴んでおくというのが重要になります。

【注意点②】売りに出ている理由を確認する

買付証明書を出すときの注意点の2つ目は、売却理由を確認することです。

なぜなら、売りに出ている理由が、換金の需要がどの程度かを探るうえで、重要になるからです。

急な現金が必要となると、物件をすぐに売却する必要があるので、換金需要としては非常に高いといえ、指値も通りやすくなります。

具体例をあげると、相続税の納付が必要で、多額の相続税を支払うために所有する不動産を売却することで現金化するようなケースは、換金需要は高く、緊急性が高いといえます。

個人や法人で事業を行っている場合で、借金があり、その返済の期日が迫っている場合には、

買付証明書を出すときの注意点とは？

売値の根拠を聞き出す	売値の根拠を確認することで、最低売却額を探る手掛かりとする
	売主の妥協できる最低売却額が見抜ければ、どこまで指値ができるかがわかる
売却理由を確認する	売却理由を確認することで、換金需要がどのくらい高いかを探る
	換金需要が高ければ、売り急いでいるため指値が通りやすくなる

返済期日までに物件を売って、現金化したいというニーズがあるため、換金需要が高いといえます。

また、売主が高齢で、アパート・マンション経営を行うのが、年齢的にも厳しくなってきたため「早くその物件を手放して楽になりたい」ということも換金需要として高い事例といえます。

つまり、「早く経営から逃れて、現金化したい」という場合は、売り急いでいると言えます。

直接、買主に「売り急いでいる」と言う売主はいないので、指値の根拠や売却理由などの背景を色々と確認することによって、どれだけ換金需要が強いのかを判断する材料にするのです。

04 投資の初心者が陥りやすい「2つの罠」とは？

◆高確率で指値が成功するイメージは？

初心者が陥りやすい「2つの罠」を具体的に説明する前に、ここでは具体的に指値が通るイメージについて解説します。

指値が通るイメージですが、まずは左の図表を見てください。

図表の縦軸が価格です。当初の売値が2億円の物件があったとします。そして売主が許容できる最低売却金額が1・5億円と仮定します。

当然、買主は最初からは、売主が許容できる最低売却金額は分からない場合が多いのですが、ここでは「最低売却金額がわかっている」という前提で話を進めます。

このときに求められた積算価値は2・2億円、収益価値が1・8億円だったとします。このときの指値の金額としては、積算価値と収益価値を比較して、低い価値である収益価値の「1・8億円で指値をする」という話になるわけです。

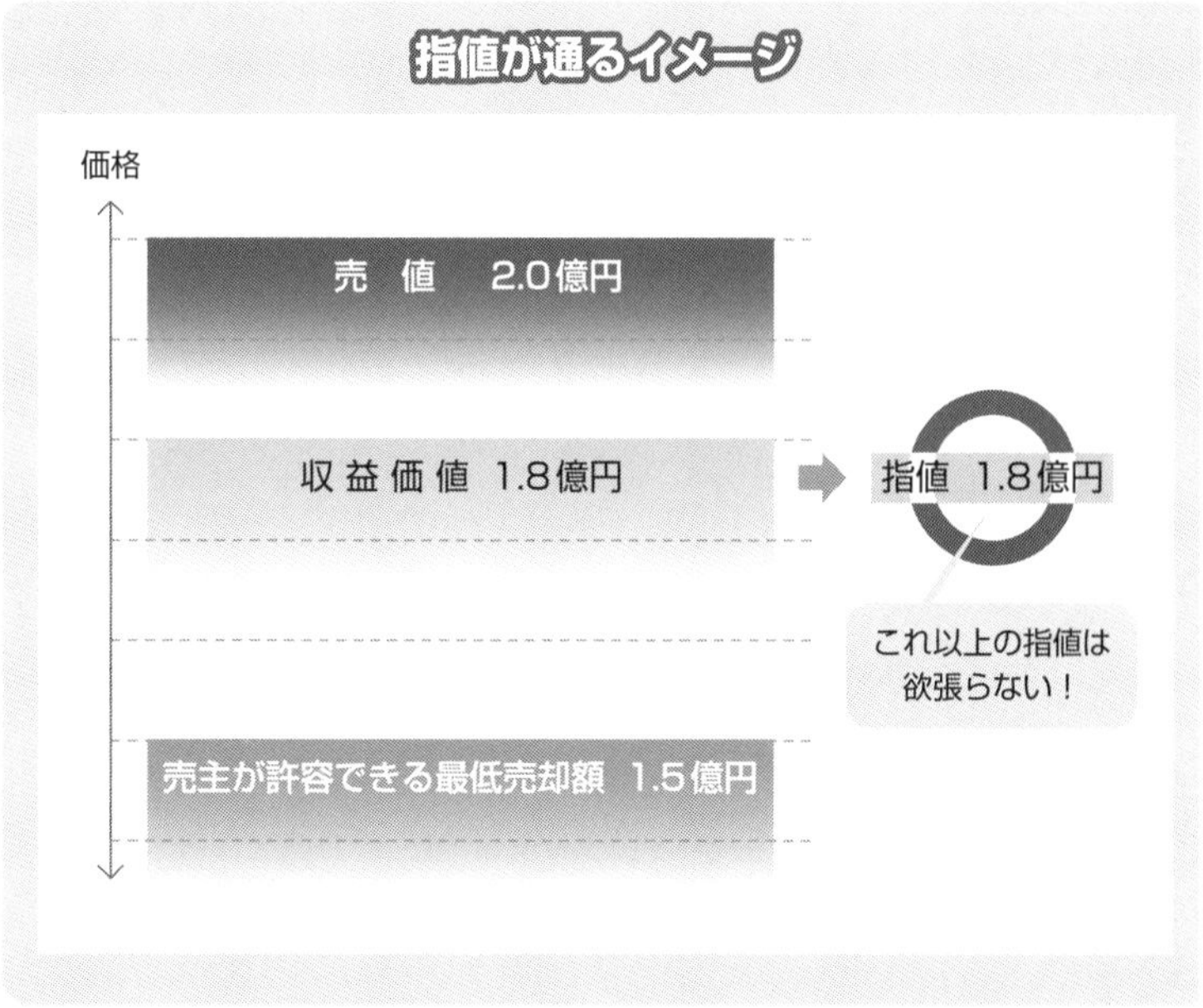

もちろん、収益価値は、根拠のある指値の金額ですので、売主としても「納得性の高い指値」ということになります。売主に納得してもらいやすいので、収益価値を根拠とした指値の金額は通りやすいわけです。

ただし、注意しなければならないのは、売主が許容できる最低売却金額が1・5億円とわかっていても、指値の金額は1・8億円にすることです。つまり、「1・8億円以上の指値は、欲張らない」というのが非常に重要になってきます。

なぜなら「許容できる最低金額」で指値をしてしまうと、そもそも売主が売ることをやめてしまう可能性があるからです。

これが次に紹介する「投資の初心者が

陥りやすい2つの罠」のパターンのひとつなのです。

◆初心者が陥りやすい「2つの罠」とは?

指値の交渉にあたっては、不動産投資の初心者が陥りやすい罠としては、2つのパターンに陥ってしまうことがあります。

①欲張った指値

ひとつめのケースは「欲張った指値」です。先ほどと同じように図表をつかって説明します。

売値が2億円で、売主が許容できる最低売却金額が1・5億円であったとします。積算価値が2・2億円、収益価値が1・8億円だった場合を想定します。

このとき積算価値の2・2億円と収益価値の1・8億円を比較して低い価値である収益価値の1・8億円で指値をすれば通りやすいのですが、買主としては「より安く取得したい」ということで収益価値の1・8億円を下回る売主が許容できる最低売却金額の1・5億円で指値をすることです。

もしくは1・5億円を下回る金額で指値をする場合も同様です。

そのような指値をすると、売主としてはどう思うでしょうか?

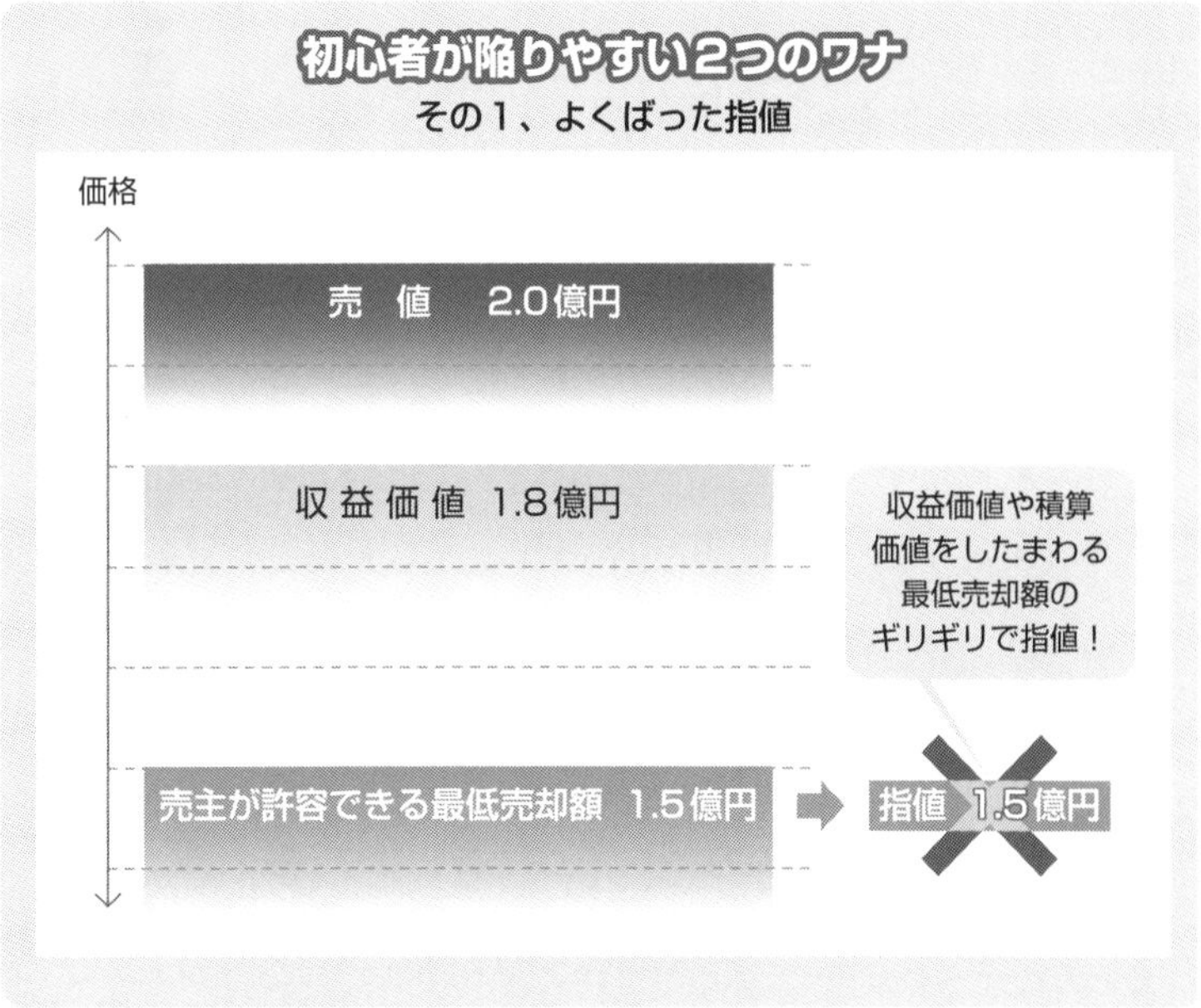

「根拠もなく、厳しい指値をされた！」と受けとめてしまい、買主に対して好印象を抱かないのでないでしょうか。

さらに1・5億円の指値を呑んでしまえば、売却するメリットがないということになります。当然に売主にしても、ある程度の利益を見込んで、売却したいという事情はあります。1・5億円で物件を売却できても、結果として売却したメリットがないことになるので、売却すべきかを悩んでしまうのです。

悩んだ結果、売却自体を中止してしまう可能性も高くなります。

買主として、「できるだけ安く物件を買いたい」という心理は分かりますが、とくに買主側が強い立場でない場合においては、このような欲張った指値の方法は、あまり効率の高い方法ではないといえます。

◆欲張った指値の私の失敗例とは？

ここで「欲張った指値」の私の失敗例を紹介します。

私が不動産投資の勉強を始めたばかりで、初めて買付を入れた時の事例です。ワンルームマンション4室のバルク買いでした。

売値が3520万円で坪単価が166万円でしたが、仲介会社によると成約見込み価格が3000万円、坪単価が142万円とのことでした。

私は不動産投資の勉強を始めたばかりということで、具体的な価格交渉の仕方も全然わかりませんでした。ただ物件の相場を調べるのは職業柄得意だったこともあり、周辺の事例などを調べて、かなり厳しい指値をしました。2500万円、坪単価119万円で指値をしました。

結果としては、この指値は通らず交渉が流れてしまったのですが、仲介会社に事情を聞いたところ、2800万円、坪単価が133万円であれば、交渉の可能性があったということでした。

まさに「指値を欲張りすぎた」典型例です。

売主としては最低売却金額が、売値の20パーセント引きの2800万円でした。当時の私は、今のような具体的な指値交渉の仕方を知らなかったため、単純に相場価格よりも厳しい指値をしていました。

よくばった指値の失敗例

○ ワンルーム・マンション４室バルク買い（４室合計専有面積21坪）

○ 売値3,520万円（166万円／坪） ➡ 成約見込み3,000万円（142万円／坪）

⬇

周辺事例の相場や４室中２室が空室なことから2,500万円（119万円／坪）で指値

⬇

2,800万円（133万円／坪）までは価格交渉できるとの回答あるものの2,500万円の指値は通らず

指値を欲張りすぎたため、通らなかった典型例。
売主の売却許容限度額は2,800万円（売値の20％引き）まででした。
今考えると、強引に指値したため、客付の仲介会社も売主には買付証明書を出さず、結果を事後報告したと思われます。初めての指値とはいえ、客付業者にも相手にされなかったトホホな事例です。

つまり、売主の許容できる最低売却金額よりも下回る指値を入れていたのです。

間に客付業者と物元業者がいましたが、私の場合は、客付業者の段階で買付証明書を止められました。客付業者としても、あまりに低すぎる指値であったために、このままでは物元業者にも持っていけなかったのです。

そこで、指値の金額だけ口頭で物元業者に確認して、その結果を私に伝えたようでした。

初心者といえ、客付業者にも相手にされず、買付証明書も止められてしまったということで、大変に残念だった事例でした。

やはり、「売主がどの程度までだったら売却してくれそうか」というのを事前に仲介会社を通じてヒアリングした上で、指値を決めていくことは重要です。そして、指値の根拠として、積算価値と収益価値を活用していくのが、売主に納得してもらう指値をするうえで極めて重要な戦略になるのです。

②売値が高すぎる物件に指値をする

次に初心者が陥りやすい罠として「売値が高すぎる物件に指値をする」ケースを紹介します。売値が高すぎる物件のイメージとしては、バブル期の高値つかみ物件が典型例です。

こういった高値つかみの物件の特徴は、かなり相場よりも高めに購入している場合がほとんどです。そもそも購入した時点の価格が、非常に高額なのです。

当時の買主が、金融機関から借入して物件を購入している場合だと、当然その借入金額も多額になります。

したがって返済が進んで、残債が減ったとしても、かなりまだ残債が残っているわけです。

この残債額が、結果的に市場価値を上回っている場合が往々にしてあります。

その点についてもう少し具体的に図を使って、説明していきます。

今回の事例も先ほどと同じ2億円の物件です。売主が許容できる最低売却金額が1・8億円であったとします。これに対して求められた積算価値が2・2億円、収益価値が1・5億円しか

初心者が陥りやすい2つのワナ
その2、売値が高すぎる物件に指値をする

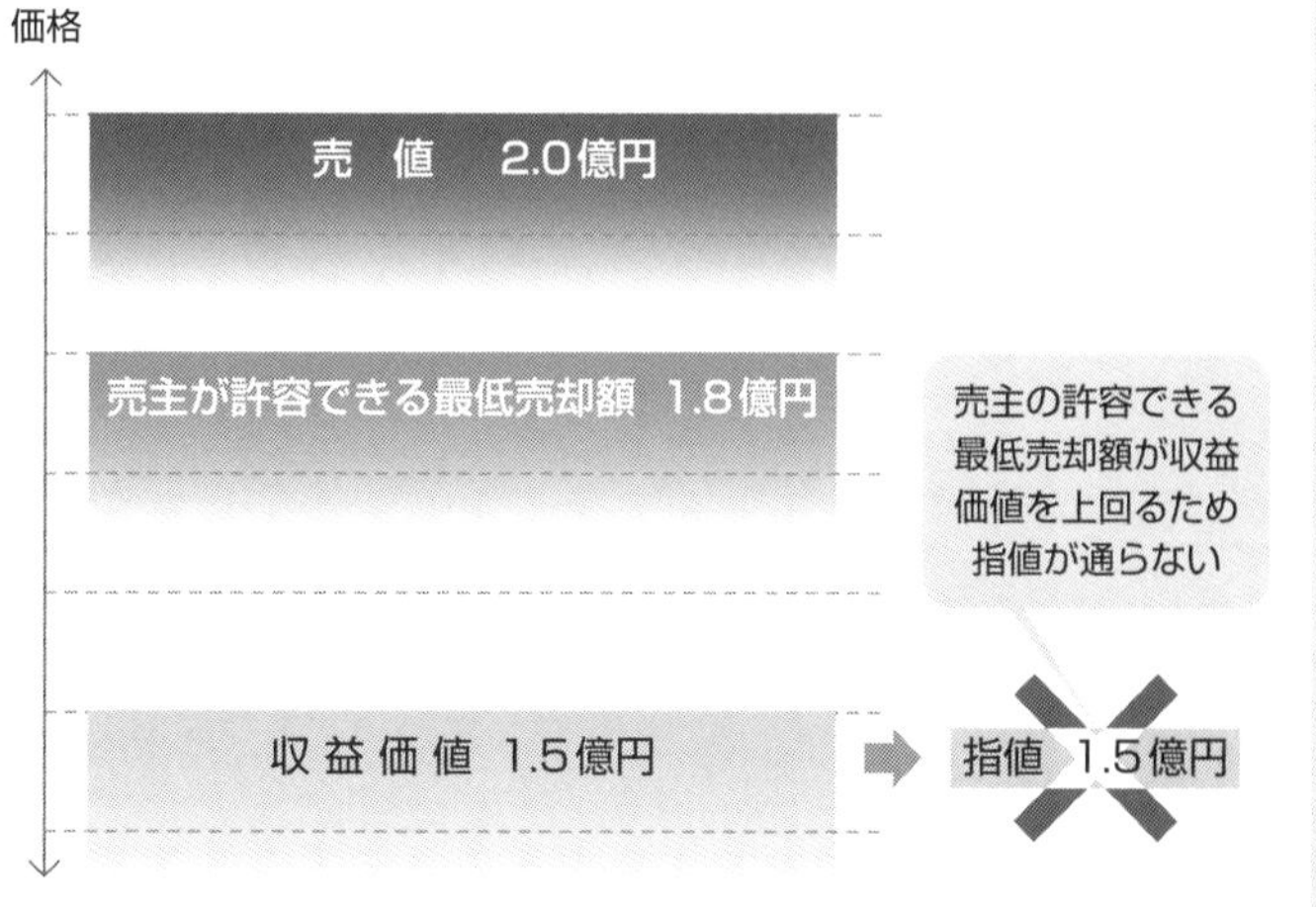

出ないというケースを想定します。

積算価値よりも収益価値が下回ってい て、売値の2億円に対して収益価値が1・5億円ですので、指値の金額としては、この収益価値の1・5億円で指値をしていくのが、正しい指値の入れ方です。

ただし、このとき売主が許容できる最低売却金額が、1・8億円までということになると、売主の売りたい金額よりも求めた収益価値が下回ってしまうので、こういう指値は通らないということになります。

売値が高すぎる原因は様々なケースがありますが、原因の多くはやはり売主の借入金の残債が多いということです。

平成初期に建築されたバブル期の物件は、とくに「売主の残債がいくらか」についてはよく調べる必要があります。不動産登記簿を見れば、借入金融機関もわかり、借入当初の借入金額等も表示されているので、そこから推測してどのくらいの残債が残っているのかチェックすることが、売値が高すぎる物件には重要になってきます。

◆売値が高すぎる物件に指値をする私の失敗例とは？

売値が高すぎる物件に指値をするケースについても私の失敗例を紹介します。売値が高すぎる物件とは以下のような物件でした。

・1棟RCマンション
・ファミリータイプ
・売値　1億3800万円
・積算価値　1億9600万円
・収益価値　1億2000万円

積算価値が売値よりも高いのが魅力の物件でしたが、ファミリータイプということもあり、売値の1億3800万円に対して収益価値が1億2000万円と低くなっていました。

私としては、収益価値を指値の根拠として使って、1億2000万円で指値をしました。

売値が高すぎる物件に指値をする失敗例

○ 一棟RCマンション　3LDK×19室
○ 売値1億3,800万円　表面利回り10.5％
○ 積算価値1億9,600万円、収益価値1億2,000万円

↓

収益価格1億2,000万円（表面利回り12％）で指値

↓

残債がかなり残っており1億2,000万円以上でないと債権解除できないことが判明し、見送りに

売主の許容できる売却額が高すぎた典型例。この物件は売主のみならず、抵当権を付けている金融機関の合意も必要であり、そのため必要以上に時間がかかってしまった。結局、金融機関の債権解除に必要な金額が1億2,000万円以上であり、売主の最低売却額は1億3,000万円までと判明したため、購入を見送ることにしました。

仲介会社の情報によれば、「残債はあるものの1億2000万円であれば、指値は通るのではないか」ということだったので、1億2000万円で指値をしたのですが、なかなかそれ以上に交渉が進みませんでした。

結局、その売主にはかなりの金額の残債があることが判明して、「抵当権をつけている金融機関との売却の合意が必要」ということが、交渉を進めていく上で明らかになりました。

結果として売主のみならず、金融機関の話し合いも必要になったため、結果が出るまでに余計に時間がかかりました。

結局、金融機関の抵当権の解除に必要な金額が、最低で1億2000万円以上で、売主の売却できる最低売却額が1億3000万円程度というのが、交渉の最終段階ではっきりしました。

売主の希望が1億3000万円ということで、私の購入希望価格である1億2000万円に届かないことが最終的に判明したため、購入を見送りました。

約3ヶ月に及んで交渉しましたが、結局買うことができませんでした。

積算価値と収益価値を上手く使って交渉しましたが、そもそも売主の最低売却額が、その金額より高かったと、残債が予想以上に多かったということが結果的に交渉時間を無駄に費やして、機会損失が多かった結果となりました。

最初の段階で売却理由の「なぜこの物件を売るのか」についてよく確認すべきでした。具体的には、この物件の売却理由は借入金の返済のためでしたが、その借入金の残債額を、もう少し調査する必要がありました。

05 売主が指値に納得する4つの瞬間とは？

売主は、最低売却額というのを持ちながら、売値を算定しており、売値で売却することを前提に売却活動を行っています。

そのため、基本的に買主の指値というのは、売主にとってそう易々と許容できるものでありません。

ただし、売主が買主からの指値に、納得する瞬間が4つ挙げられますので、この「売主が指値に納得する4つの瞬間」について解説します。

この「4つの瞬間」を理解することによって、あなたも売主の心理状況を把握しながら、指値交渉を進めていくことができますので、指値の通る確率も格段に高まってきます。

具体的に「売主が指値に納得する瞬間」は以下の4つになります。

①時間がだいぶ経過している
②以前の指値と同じ水準
③指値の根拠が明確

④買主に共感できる

それでは、それぞれについて詳しく説明していきます。

①時間がだいぶ経過している

売主としては、できるだけ早く売却したいのですが、売却開始当初は自分の売値に自信があるので、買主の厳しい指値にはなかなか応じようとはしません。

これが、時間が経過するにつれて、売主も弱気になっていきます。

つまり、当初に考えていた売値でなかなか売れない状況が続いて、その期間が半年から1年と長期化するにつれて、売却当初は強気だった売主も「当初の売値を下げて売った方が売れるのではないか」という心理が働くようになります。

これは買主からすると、時間が経過するほど、指値が通りやすくなるということを意味します。

もうひとつの理由としては、時間が経過することによって、売主の経済状況や売却の理由自体が変化する可能性があるということが挙げられます。

売却当初、売主の経済状況が良好であれば、それほど売り急いでないということになりますが、時間が経過することによって、売主の状況が変化する可能性が出てきます。

もし経済状況が悪くなったとすれば、当初は売り急いでなかったものが、急いで現金化する必要が出てくる可能性が高まります。

具体例をあげて説明します。私が一番初めに取得した物件は、結果的に25パーセント引きの指値に成功しました。

25パーセントの指値に成功した理由は、やはり時間が経過していたからです。この物件は、当初は売主が売り急いでなかったため、なかなか指値に応じてくれませんでした。

この物件は大規模修繕を行っており、大規模修繕に相当の費用もかけているので、売主としては、損切りしてまで売りたくなかったのです。

ただ売却を開始してから、1年以上が経過したものの売却できずにいました。

さらに、リーマンショック等の影響があって、売主の経済状況もかなり厳しくなってきました。事業の資金繰りに困りだしたため、その物件を売って現金化したいという必要が出てきたのです。

1年以上の時間が経過したことで売主が弱気になったことに加え、売主の経済状況も変わり、急な現金化の必要になったため、結果として大幅な指値に応じることになったのです。

②以前の指値と同じ水準である

売主はたくさんの買主と交渉しているのですが、その過程で買主から指値を受けます。

このときに、以前の買主候補から受けた指値が、今回の指値に納得する理由になる場合があります。売主は売値にある程度自信を持って値段を付けていますが、それとは違う考え方で買主が指値をしてきます。

指値の理由は様々あるにせよ、ある一定の水準で買付がいくつか入ると、その金額が買主にとってはある程度妥当な購入希望金額であると見えてくるのです。

そのため、以前の指値の金額と同水準で指値をすると「やはりこの価格でないと売れないのか」と売主は考えるようになります。

そういった意味で、以前に出された指値水準を確認するのも、高確率で指値を成功させるひとつ有効な手段になってくるのです。

売主の残債の状況もありますので、必ずしも通用しない場合もありますが、残債があまり無い物件、全額借入金なしで買っている物件だと、最低売却額の基準として、以前の指値の水準が使われる場合があるということを覚えておいてください。

具体例をあげて説明します。私が一棟目に取得した物件が、これに当てはまります。

売買契約後に売主から聞いたのですが、売却開始当初にもかなり厳しい指値があったそうです。

ただし、その当時は経済状況もそれほど悪くなく、損切りしてまでは売却しないという売主の方針があったので、そのような厳しい指値は無視していました。

それが1年以上の時間が経過し、リーマンショックで、売主の経済情勢が変わって現金化のニーズが高まり、すぐに物件を売却することが決まりました。

その時に、「何を最低売却額の基準にするか」といった議論があったのですが、この売主がこの物件を借入なしに購入していったということもあり、以前の指値の金額というのを、ひとつの売却基準としてみたということでした。

やはり以前の指値の水準が最低売却額の基準となったことが、今回の指値について納得してもらえるポイントになったということです。

③指値の根拠が明確である

これはどういうことかというと、不動産の指値は、不動産業界の慣習が強く働いたり、スピード勝負というところもあり、具体的な根拠も明示せず、とりあえず金額を書いているという買主が多いため、売主側からすれば「納得感のない」ことが多かったというのが背景にあります。

そういった状況の中で、きちっと指値の根拠を示せるというのは、やはり買主にとっても非常に納得感があるものなのです。

当然、買主が個人の場合だと、指値の根拠が明確であれば、買主の印象というのはよくなります。

法人の場合であれば、社内の意思決定が必要になります。通常、売却の担当者から決裁権を持った決裁権者まで稟議を回すという話になります。

そのときに「このような理由のため、この金額で売却します」言うときに、買主の希望価格の理由付けとして、きちっと使えるが重要になってきます。

そういった意味で、本書がこれまで紹介してきた積算価値と収益価値の考え方は、物件の価値を判定する「不動産鑑定士の価格判定ノウハウ」や、不動産融資の基本である「メガバンクの融資の査定法」を使って求めたものです。

つまり、不動産や金融の専門家が使っているロジックなので、その根拠は非常に明確です。単なる経験則とか、勘とかに基づいたものではなく、きちんと理由付け、根拠付けができた金額です。

積算価値と収益価値の考え方を活用して、指値をすることは、売主としても納得感が得られることなのです。

ここで、私の体験談を紹介します。これも私が一棟目を購入したときの話です。物件の検討当初は、私は売主に対して、自分が銀行員であることを伝えていませんでした。

しかし、具体的に指値をする時点で、銀行の融資担当者であることを売主に伝えました。売主としても、「指値の根拠は、銀行の融資担当者がいうことだから、間違いないだろう」ということで、売主に信頼してもらえたことが大きかったのです。

したがって、本書で紹介した方法を身につければ、「メガバンクの融資担当者と不動産鑑定士と同じ考え方で指値の根拠を出している」と売主に伝えて構いません。

きちんとした根拠のある指値をして売主の信頼感を勝ち取ってください。

④買主に共感できる

売主が指値に納得する4つの瞬間

1	時間がだいぶ経過している
2	以前の指値と同じ水準
3	指値の根拠が明確
4	買主に共感できる

不動産取引は金額の大きい売買になるため、売主側と買主側がお互いに信頼できるかが取引においては重要になってきます。

売主側からすると「買主を信頼できるかどうか」のひとつの重要な要素として、「自分が買主に共感できるか」ということなのです。

売主の信頼を得る方法はいくつかあります。

例えば、理由をきちんと説明して納得してもらうという方法もあります。

もうひとつの有効な方法として、「この買主だったら売ってもいい」と売主に思ってもらう方法です。

第1章の「指値の代表的な8つの方法」のなかで「感情に訴える方法」を紹介しました。

売主に直接手紙を出して、「自分はこれほどこの物件を大切に思っているので、売ってください」ということと売主に表現することによって、交渉を上手くしていくということを紹介しました。

売主に気に入ってもらえれば、指値も含めて交渉が上手くいきますので、売主の感情に訴えて、買主に共感してもらうことは非常に有効な方法になるのです。

つまり、「共感する瞬間」を買主が売主に感じることができれば、指値というのも成功しやすいということです。

ここで、私の体験談を紹介します。これも一棟目を購入したときの話です。

売主は法人だったので、法人に共感してもらうというのは難しかったのですが、その法人の売却担当者には良い印象を持ってもらえました。

私は売却担当者を味方につけ、彼を通じて社内の稟議、審査等を、自分の希望価格で進めることができたというのが、結果として指値が上手くいった要因のひとつであったと考えています。

売主の担当者からすると、私がサラリーマンで、銀行員であることを高く評価してくれ、「この属性であれば、融資の降りる可能性は高い」と考えてくれたために、協力的に動いてくれたのです。

まとめると、売主が指値に納得する4つの瞬間を上手く活用することによって、一見すると通りそうもない大幅な指値であっても、高い確率で指値を成功させることが可能になるのです。

06 高確率で指値の通る「買付証明書」の書き方とは？

この章の最後に、具体的な「買付証明書の書き方」について解説します。
本書で紹介する「買付証明書の書き方」は以下のパターンです。

①収益価値が積算価値を上回るパターン
②積算価値が収益価値を上回るパターン
③空室が多い物件のパターン
④修繕費用を指値に反映するパターン

それでは、各パターンについて説明していきます。

①収益価値が積算価値を上回るパターン

最初に収益価値が積算価値を上回るパターンについて、解説します。

このケースの基本的な根拠の流れは、第4章で説明しました。収益価値が積算価値を上回る場合には、積算価値の考え方を根拠のポイントとすると解説しました。

いかに収益性の高い物件であっても、金融機関の担保価値としては路線価をベースとした積算価値に基づいています。したがって銀行融資を前提とした購入金額は、積算価値となります。

この流れを具体的に買付証明書へどうやって記載するかについて、以下に記載例を紹介します。


【収益価値が積算価値を上回る場合の買付証明書の記載例】

『この物件は収益性が高く大変に魅力のある物件ですが、路線価をベースとした銀行評価額は〇〇円になると予想されます。よって銀行融資を前提とすると一般的な購入金額は〇〇円になります。よって私の購入希望価格は〇〇円です。』

「〇〇円」のところに積算価値の金額を書いていきます。

②積算価値が収益価値を上回るパターン

次に2つ目のパターンである積算価値が収益価値を上回る場合を解説します。

このパターンの根拠の流れについては第4章で説明しました。このパターンの場合のポイントとしては、収益価値をどう見ているかについて、コンパクトに記載していくことと説明しました。

いかに積算価値の高い物件であっても、金融機関はキャッシュ・フロー分析を必ず行っています。

その上で物件の返済能力を分析しているので、銀行融資を前提とした買主側の購入希望価格としては、当然、収益価値となるという論理の流れです。

これをコンパクトに記載した具体的な買付証明書の記載例は次のようになります。

【積算価値が収益価値を上回る場合の買付証明書の記載例】

『この物件は資産価値が高く大変魅力のある物件ですが、キャッシュ・フロー分析をベースとした銀行評価額は○○円になると予想されます。銀行融資を前提とすると、金利が6パーセントに上昇しても赤字にならない評価額は○○円になります。よって私の購入希望価格は○○円です。』

この「○○円」のところに、収益価値の金額を記載していくということです。

③空室が多い物件のパターン

次に空室が多い物件のパターンの買付証明書の記載例について説明します。

具体的な指値の仕方については、第4章で説明しましたが、この場合に重要なのが現行賃料と収益賃料の差を見極めるということです。

現行賃料と市場賃料の乖離（かいり）を見極めた上で現行賃料が市場賃料よりも高い場合に

は、市場賃料に引き直したキャッシュ・フロー分析を行って、収益価値を求めるということです。

このロジックの流れを、買付証明書にもコンパクトに書いていくのが重要になります。具体的な買付証明書の記載例は以下の通りになります。

【空室が多い物件の場合の買付証明書の記載例】

『この物件は資産価値が高く大変魅力のある物件ですが、現行賃料が市場賃料に若干の差が見受けられます。賃料収入を市場価値に引き直した、キャッシュ・フロー分析を行うと、銀行評価額は〇〇円になると予想されます。銀行融資を前提とすると、金利が6パーセントに上昇しても赤字にならない銀行評価額は〇〇円になります。よって私の購入希望価格は〇〇円です。』

この「〇〇円」のところに、収益価値の金額を記載していくということです。

④修繕費用を指値に反映するパターン

最後に、修繕費用を指値に反映するパターンの買付証明書の記載例について解説します。

修繕費用を指値に反映する場合、建物内覧の際に、専門業者に修繕費用の見積もりをとってもらい、見積もりの修繕費用を踏まえて、買付証明書を書くということになります。

具体的な記載例は次のようになります。この記載例は、積算価値を指値の金額とした場合の記載例になります。

【修繕費用を指値に反映する場合の買付証明書の記載例】

『この物件は収益性が高く、大変魅力のある物件ですが、路線価をベースとした銀行評価額は○○円になると予想されます。銀行融資を前提とすると一般的な購入価格は○○円になります。

また、リフォーム業者に見積もりをとらせた結果、□□の修繕に△△円が必要になります。よって私の購入金額は、銀行評価額は○○円からリフォーム費用△△円を控除した◇◇円です。』

ここで○○という所に積算価値を記載し、△△のところにリフォームの見積もり金額である修繕費用を、最終的な指値金額である◇◇には、積算価値○○から修繕費用△△を引いた金額を記載するという流れになります。

おわりに

最後までお読みいただきありがとうございます。

本書は、元メガバンクの融資担当者と現役不動産鑑定士という専門家の立場から、不動産投資の指値で悩まれている不動産投資家のみなさんに向けて執筆させて頂きました。

職業的には、銀行員や不動産鑑定士ではありましたが、2011年7月までは、不動産投資の業界においては全くの無名でした。

その私が、不動産投資の書籍を出版するとは夢にも思いませんでした。

今こうして、本書を出版することができたことは、私にとっては、まさに「瓢箪から駒」という思いです。

しかし、一方では、「必然は思わぬところからやってくるものだ」とも思っています。

本書の最後に、本書を出版するに至った経緯についてお伝えしたいと思います。

私は、2011年の7月に、今まで勤めていた会社を辞めて、不動産鑑定事務所を設立し、不動産鑑定士として独立しました。

せっかくサラリーマンをやめて、時間を自由に使える自営業という立場になったので、今までしたことのないことをしようと思い、ある自己啓発セミナーに参加することにしました。

そのセミナーは、ホテルに泊まり込みで行い、延べ8日間にわたるものでした。そして、セミナーの最終日に、これからの自分の人生で達成したい目標をチーム全員の前で宣言するという課題があったのです。

その課題の中で、私は11個の目標を掲げました。その中の一つが「不動産投資の書籍を出版する」だったのです。

また、このセミナーでは、出版を実現させる奇遇の出会いがありました。

不動産投資業界では、『投資家けーちゃん』として有名な寺尾恵介さんとの出会いです。

挨拶をした際に、今度、不動産投資の指値の教材を販売する話をしたところ、けーちゃんは自分のメルマガで、販売の告知をしてくれることを快く引き受けてくださいました。

そして、このけーちゃんのメルマガは、ぱる出版の瀧口さんの目に留まり、瀧口さんから商業出版のお誘いを受けたのです。

そこからは、本書の出版の話はとんとん拍子に進みました。

私一人の力ではとても本書は出版することはできなかったでしょう。けーちゃんや瀧口さんとの素晴らしい出会いがなかったら、実現しませんでした。

このような素晴らしい機会を得ることで出版できた本書ですが、私がこの本で一番伝えたいことは、『不動産投資の素晴らしさ』です。

確かに、不動産の世界は、分かりにくいところもたくさんあり、初心者が実際に行動するまでには敷居が高い世界です。

実際に、物件探しをはじめても、なかなかいい物件情報はないし、まれにいい物件に巡り合っても、融資がつかないで玉砕したりと一棟を買うまで、ものすごくエネルギーがいるのもまた事実です。

家族には、白い目で見られるし、会社の同僚にも迂闊に相談できません。あまりの孤独に耐えきれず、断念してしまう人も多いでしょう。

しかし、私は不動産投資を始めて、本当に良かったと思っています。また、これからの人生に不安を感じている人には不動産投資をお勧めしたいと真剣に思っています。

それは、私が不動産投資から得られる賃料収入によって、どれだけ助けられたかわからないからです。

不動産からの賃料収入で、家族全員の生活が守られているという余裕があるからこそ、私は自分のやりたいことに全力で取り組むことができるのです。

私にとって、不動産投資は自分のやりたいことを叶えることができる「魔法の道具」なのです。

今度は、あなたがこの「魔法の道具」をあなたの夢を実現するために使う番です。

最後になりましたが、今回の執筆に当たっては、多くの方にご協力いただきました。

出版の機会を与えてくださったぱる出版の瀧口さん、出版については全くの素人の私に適切なアドバイスをして下さったインプループの小山さん、オフィスキートスの加藤さん、原稿の作成に協力いただいたスタジオフリークの中畑さんには大変お世話になりました。

そのほかにも、今回の出版を応援してくれたみなさんにも感謝しています。

最後に私のメンターであるジェームス・スキナー氏の言葉を紹介して終わりの言葉に代えさせいただきます。

There are no failures only learning opportunities.
（失敗は存在しない。あるのは、学ぶ機会だけである。）

Our dreams can always come true.
（自分の夢は必ず実現できる。）

even if it is not in the way or the timing we had expected.

（自分の思う方法とタイミングでなくても。）

２０１２年２月

長岐 隆弘

カバー装幀▼EBranch 冨澤 崇
本文図表作成▼原 一孝
本文レイアウト▼Bird's Eyes
編集協力▼インプルーブ・小山 睦男

長岐 隆弘（ながき・たかひろ）

アセットライフマネジメント株式会社　代表取締役。不動産鑑定事務所 ながき鑑定 代表。不動産業界と金融業界の両方に精通する不動産投資専門の不動産鑑定士。大学卒業後、大手ハウスメーカーの旭化成ホームズで住宅営業を経験後、大手デベロッパーの住友不動産で不動産鑑定士として鑑定評価を1,000件以上担当する。その後、金融業界へ華麗なる転身をし、大手証券会社で不動産証券化を、メガバンクで融資担当者として不動産会社への融資業務に従事する。この経験を活かし、自らも不動産投資を行い、現在では複数の賃貸不動産を所有する。現在では、不動産鑑定士として活躍するかたわら、資産運用コンサルティング会社アセットライフマネジメント株式会社を設立し、不動産投資コンサルタントとして悩める不動産投資家の支援を行っている。

〔その他資格〕宅地建物取引主任者・不動産証券化マスター・証券外務員・貸金業務取扱主任者・TOEIC 850

◎アセットライフマネジメント株式会社ウェブサイト：http://asset-life.co.jp

◎アセットライフマネジメント株式会社フリーコール：0120-985-088

◎ながき鑑定ウェブサイト　http://nagakikantei.com

「超優良物件《ちょうゆうりょうぶっけん》」を格安《かくやす》で入手《にゅうしゅ》する不動産投資法《ふどうさんとうしほう》

～初心者でもできる！　不動産投資プラチナ指値術～

2012年3月12日　初版発行

2012年4月12日　2刷発行

著　者　長《なが》　岐《き》　隆《たか》　弘《ひろ》

発行者　常　塚　嘉　明

発行所　株式会社　ぱる出版

〒160-0011　東京都新宿区若葉1-9-16

03(3353)2835 — 代表　03(3353)2826 — FAX

03(3353)3679 — 編集

振替　東京　00100-3-131586

印刷・製本　中央精版印刷(株)

ISBN978-4-8272-0698-2 0033